Rapport au Premier ministre

L'internet
un vrai défi pour la France

Patrice Martin-Lalande,
député de Loir-et-Cher

Rapport officiel

Patrice Martin-Lalande

ISBN 2-11-003927-2
ISSN 0981-3764
DF 5 4335-7
Paris, 1998

Le Premier ministre

1452/96/SG

Monsieur Patrice MARTIN-LALANDE
Député du Loir-et-Cher
Assemblée Nationale
126, rue de l'Université
75355 Paris CEDEX 07 SP

Monsieur le Député,

Le développement des réseaux de l'information et l'appropriation par nos concitoyens, grand public et entreprises, des nouvelles technologies de l'information constituent un enjeu fondamental du développement de notre pays.

Ils représentent également un enjeu culturel dans la mesure où les contenus présents sur ces réseaux sont majoritairement anglo-saxons.

Un certain nombre de mesures ont déjà été prises en faveur du développement des autoroutes de l'information. Les appels à proposition lancés par le Gouvernement ont rencontré un succès réel, même si l'on constate un retard de notre pays en matière d'équipement informatique des ménages.

Le Gouvernement et le Parlement avaient souhaité, à l'occasion de la loi sur les télécommunications, mettre en place un dispositif d'observation des services en ligne chargé d'émettre des recommandations propres à assurer le respect par ces services de règles déontologiques. Le Conseil Constitutionnel a déclaré non conforme à la Constitution ce dispositif au motif que le législateur n'avait pas suffisamment encadré ce pouvoir de recommandation. Cette problématique demeure d'actualité.

Outre les questions d'ordre déontologique et éthique, se posent également parmi d'autres les questions de l'impact du « commerce virtuel », de la protection des consommateurs – par exemple la sécurité des transactions commerciales –, du régime fiscal des ordinateurs installés dans les lieux publics ou du commerce de substances interdites en France.

C'est pourquoi j'ai souhaité vous nommer parlementaire en mission auprès du ministre de l'économie et des finances et du Ministre délégué à la poste, aux télécommunications et à l'espace, afin de clarifier les régimes juridiques et fiscaux de ces nouveaux services ainsi que des matériels en permettant l'accès et de proposer les mesures nouvelles que pourrait prendre le Gouvernement pour favoriser le développement de l'utilisation de ces technologies par l'ensemble de la population tout en garantissant au maximum leur protection.

Je vous remercie d'avoir bien voulu accepter cette mission et je souhaiterais disposer de vos recommandations sous quatre mois. Vous me proposerez également dans votre rapport les sujets sur lesquels une réflexion approfondie devra être menée.

Vous aurez également à cœur de consulter les professionnels concernés par le développement de ces réseaux. Vous pourrez également bénéficier des réflexions publiques les plus récentes sur les enjeux des réseaux d'information, à travers les rapports de Mme Falque-Pierrotin et du Commissariat Général du Plan.

Pour le bon accomplissement de cette mission, vous pourrez notamment recourir aux services placés auprès de MM. Arthuis et Fillon ainsi qu'au service juridique et technique de l'information et de la communication placé sous mon autorité.

Je vous prie d'agréer, Monsieur le Député, l'expression de mes sentiments les meilleurs. et amicaux

Alain JUPPE

Sommaire

Avant-propos

Saisir les opportunités qui nous sont offertes par les nouvelles technologies et particulièrement par l'internet est **un vrai défi pour la France**.

• **Un défi pour l'emploi** : les nouvelles technologies ont un impact fort sur la croissance et l'emploi. Une étude récente, publiée par le Wall Street Journal, leur attribue le tiers de la croissance enregistrée aux États-Unis l'année dernière. Plus récemment, une étude réalisée par le cabinet Booz-Allen et Hamilton estime à un million d'emplois le manque à gagner dû au retard de l'Europe dans les technologies de l'information.

• **Un défi pour nos entreprises** : l'internet est une opportunité économique pour le quatrième exportateur mondial que nous sommes et nos PME-PMI ne peuvent ignorer ce nouvel outil qui leur permet à un coût modeste de toucher un marché mondial et de coopérer avec des partenaires éloignés.

• **Un défi pour la culture francophone** : l'internet est un formidable outil de rayonnement de la France au plan international pour notre culture et notre langue.

• **Un défi pour l'État** : l'utilisation des nouvelles technologies dans l'Administration doit être le pivot de la modernisation de l'État pour que le service public travaille plus efficacement, coûte moins et apporte un meilleur service pratique aux citoyens.

La France ne peut se permettre de manquer le grand rendez-vous de la société de l'information et doit faire le choix de s'y préparer dans les meilleures conditions. Elle possède pour cela des atouts qui devraient nous permettre de réagir et de rattraper notre retard : un réseau national de télécommunication totalement numérisé, des centres de recherche très avancés, l'expérience du Minitel qui a fait de la France le premier utilisateur des services en ligne avec plus de 14 000 services.

Le Gouvernement a d'ores et déjà pris certaines mesures dans ce sens et nous ne pouvons que nous en féliciter. **Mais il est nécessaire d'aller plus loin et plus vite**.

C'est pourquoi Monsieur le Premier ministre m'a confié une mission sur les moyens de développer en France l'utilisation des nouvelles technologies. Le présent rapport identifie des **mesures concrètes pour bâtir la société française de l'information** concernant l'ensemble des secteurs : éducation, culture, administration, particuliers et entreprises.

Si nous en avons la volonté, nous pouvons, en l'an 2000, faire de notre pays l'un des exemples mondiaux dans l'utilisation des nouvelles technologies.

Qu'il me soit permis de remercier ici toutes les personnes (voir annexe 2) qui ont bien voulu, au cours d'échanges fructueux, apporter leur contribution à la mission.

Mes remerciements vont aussi tout particulièrement à mes deux principaux collaborateurs dans cette mission : Arnaud Beaufort, rapporteur, et Annabelle Jaeger.

Je tiens également à remercier le SJTI (Service juridique et technique de l'information et de la communication) pour sa collaboration essentielle à mes réflexions sur le sujet et à la mise en forme du rapport ainsi que les cabinets des deux ministres auprès desquels j'étais « parlementaire en mission ».

Patrice Martin-Lalande

Synthèse du rapport

Les dix priorités pour développer l'internet en France :

1. Affirmer la volonté politique de bâtir la société française de l'information.

Construire un discours positif et offensif sur l'opportunité de l'internet énoncé au sommet de l'État (proposition 1 du rapport).

La volonté politique devra être incarnée par un Comité interministériel qui coordonne l'action des pouvoirs publics (proposition 4).

2. Sensibiliser les Français sur ce qu'ils peuvent attendre de l'internet.

Lancer une campagne d'information à destination du grand public : « L'internet pour tous » (proposition 11).

Créer une « fête de l'internet » (proposition 13).

3. Préparer nos enfants.

Dans un délai de trois ans, tout élève ou étudiant sortant du système scolaire devra maîtriser la pratique des réseaux électroniques (proposition 15).

Attribuer à chaque étudiant une adresse eMail (proposition 24).

Renforcer le programme de formation « réseaux informatiques » des enseignants et futurs enseignants (proposition 22).

4. Aller plus loin dans la réforme de l'État.

Mettre en réseau l'Administration (proposition 30).

Favoriser l'accès aux services publics : multiplier les points d'accès publics à l'internet (proposition 35).

Simplifier les procédures : les entreprises pourront par exemple effectuer via l'internet leurs formalités administratives dès le 1er janvier 1999 (proposition 39).

5. Aider les entreprises à profiter de l'internet.

Redéployer une partie des fonds de la formation professionnelle vers des formations à l'internet (proposition 45).

Étendre les conditions d'attribution du fonds régional d'aide au conseil pour les PME afin d'inclure les prestations d'assistance au commerce électronique (proposition 46).

Poursuivre la libéralisation de la cryptologie pour que se développe le commerce électronique (propositions 47 à 52).

Informer les entreprises sur les risques et les moyens de se protéger (proposition 57).

Outre des aménagements du Code du travail (proposition 63), inciter fiscalement les entreprises qui recourent au télétravail (proposition 64).

6. Développer l'équipement et les offres de connexion.

Accorder pendant deux ans une réduction d'impôt sur le revenu égale à 20 ou 25 % du coût d'achat d'un équipement informatique communicant dans la limite de 10 000 FF (proposition 65).

Création d'un prêt à taux 0 pour les ménages non imposables (proposition 67).

Expérimenter en France la tarification forfaitaire (proposition 69).

Promouvoir les accès hauts-débits : câble, RNIS, hertzien, et satellite (propositions 70 à 74).

Garantir la protection du consommateur en assurant la mise en œuvre des propositions du CNC : identification claire du fournisseur, qualité de service garantie par le fournisseur, information complète sur le coût de connexion, offre d'abonnement transparente... (proposition 75).

7. Augmenter l'attractivité de l'internet.

Amplifier le plan de numérisation des données patrimoniales de l'État et des collectivités locales (proposition 81).

Développer des partenariats pour la numérisation de ces données avec le tourisme, l'artisanat local, les collectivités locales, les éditeurs de programmes et la presse (proposition 81 et 83).

Créer un fonds de soutien à la production multimédia (proposition 84).

Abaisser à 5,5 % le taux de TVA sur les produits et services multimédias (proposition 86).

Adapter la loi « Toubon » pour la présentation des prestations sur l'internet (proposition 93).

Soutenir la création de produits et de logiciels multilingues, notamment de serveurs de recherche français (proposition 94).

Mettre en ligne systématiquement, et dans la mesure du possible gratuitement, les données publiques (proposition 97).

Capitaliser sur l'économie et les services du Minitel en transposant le système de kiosque pour l'internet (proposition 100).

Accorder à la presse électronique les avantages fiscaux de la presse papier en délivrant un agrément aux sites répondant à certains critères (proposition 103).

Autoriser les jeux promotionnels sur l'internet et lancer des jeux à vocation internationale dès 1998 (propositions 111 et 112).

8. Protéger la propriété intellectuelle.

Promouvoir la certification internationale des systèmes d'identification des œuvres (proposition 115).

Favoriser le recours au système de « guichet unique » (proposition 116).

9. Lever les incertitudes juridiques.

Promouvoir l'autodiscipline des acteurs de l'internet (proposition 123).

Développer la coopération judiciaire et policière au sein de l'Union européenne pour permettre d'avancer vers une solution internationale globale (proposition 127).

10. Se préparer au commerce électronique.

Déterminer le régime de TVA applicable par le lieu physique de l'acheteur (proposition 132).

Obtenir rapidement la normalisation des protocoles de paiement de façon à bénéficier de l'acquis français en matière de cartes à puces (proposition 133).

Chapitre 1

Ce que nous pouvons attendre de l'internet

Avant de proposer des mesures pour favoriser le développement de l'internet en France, il nous a semblé utile de rappeler brièvement les arguments montrant combien l'internet est un outil exceptionnel pouvant améliorer la vie quotidienne et professionnelle de chacun, une fois surmontés certains freins.

Un outil exceptionnel

L'internet pour une meilleure qualité de vie

• Un service public amélioré : simplification des relations avec l'Administration, accélération des traitements et des procédures, qualité du service, transparence, égalité de traitement entre tous les citoyens, disponibilité 24h/24.

• Un enseignement amélioré : mieux apprendre à l'école, mieux communiquer avec les autres écoles et universités, mieux diffuser le savoir, accéder plus facilement à des cultures éloignées (accès à la connaissance universelle).

• De nouvelles possibilités de travail : télétravailler, minimiser les inconvénients liés à la distance et désenclaver le territoire.

De la dernière enquête du Credoc, effectuée fin 1996, sur les références de consommation et modes de vie en France [1]*, il ressort que la perspective des pratiques de télétravail motive environ 25 % de la population.*

Le développement de l'usage professionnel de l'internet peut jouer à cet égard un rôle important, voire moteur : en ouvrant des possibilités de collaboration pratiquement illimitées, il tendra à transformer le télétravailleur en travailleur en réseau et tirera le télétravail « vers le haut », c'est-à-dire vers des activités à haute valeur ajoutée : recherche, analyse, conseil, conception, création... Il s'agit d'un positionnement fondamental pour l'avenir de notre pays.

• L'accès en temps réel, sans contrainte de localisation ni de déplacement, à l'échelle planétaire, à une masse sans cesse croissante d'informations multimédias composées de textes, d'images et de sons.

• Un nouveau moyen de communiquer : courrier quasi-instantané dans le monde entier permettant des réponses immédiates, forums de discussions sur tous types de sujets, économies de correspondance par rapport au timbre et au fax ; l'internet permet d'échanger directement des fichiers informatiques, ce qui évite toute ressaisie de l'information.

• Un choix plus large de services et de divertissements.

• Un accès direct aux produits des PME et des entreprises du monde entier.

L'internet pour un nouvel élan économique

• Accès au marché planétaire : une opportunité pour exporter nos produits, particulièrement pour les PME-PMI : accès à de nouveaux clients et à de nouveaux marchés.

• Relations directes des entreprises avec ses partenaires économiques.

• Meilleure connaissance de la concurrence grâce au réseau.

• Organisation plus efficace et gestion des entreprises plus compétitive : travail en commun, gestion de processus, meilleure circulation de l'information.

(1) Credoc : « Consommation et modes de vie », n° 116 (mars 1997).

• Réduction des frais fixes, dans les relations « entreprises vers administrations » notamment.

• Création d'emplois par la valorisation et le développement de nouveaux métiers : équipementiers informatiques, créateurs de sites multimédias, etc.

L'internet commercial : trois cas prometteurs

	Relais & Châteaux	Le Furet du nord	Dégriftour
Nombre d'employés	23 à la Délégation Générale	350	140 (200 en haute saison)
Activité	Internationale	nationale	nationale
C.A France	6 milliards de francs	320 millions de francs	297 millions de francs
Date de présence en ligne	février 1995	septembre 1996	début 1996
Produit(s) ou service(s) proposé(s)	réservation hôtellerie et restauration	livres	vente de voyages et prestations à prix réduits
C.A. généré depuis la création du site	300 000 francs par mois	200 000 francs	environ 8 millions de francs
Panier moyen	2 400 francs	250 francs	environ 3 500 francs
Volume des consultations	107 000 pages en janvier 1997	4 000 visiteurs/mois	5 000 visiteurs/semaine
Provenance des consultations	60 % USA, 25 % Europe, 15 % Océanie et Amérique du Sud	n/c	90 % de France

source : La lettre de l'internet

L'internet au service de la culture française et francophone

• Rendre la France, sa culture, son patrimoine et ses réalisations économiques, accessibles de partout dans le monde.

• Accroître l'attractivité touristique de la France.

• Renforcer les liens avec les expatriés français.

• Renforcer les liens avec tous les étrangers qui ont fait leurs études en France et continuer ainsi de rester en contact avec eux lorsqu'ils sont rentrés dans leur pays.

À titre d'exemple, chaque année, la France distribue de nombreuses bourses à des étudiants étrangers qui viennent en métropole faire une partie de leurs études. C'est le cas par exemple de nombreux médecins vietnamiens qui viennent en France poursuivre leurs études universitaires.

Grâce à l'internet, il sera possible de garder contact entre les universités d'origine et les ex-boursiers, de leur proposer des enseignements post-universitaires, de les informer sur les nouveaux produits et nouvelles techniques qui existent, d'obtenir leur contribution pour des télédiagnostics, etc. La France forme de nombreux étudiants pendant 7 à 8 années parfois et n'opère aujourd'hui, sauf rares exceptions, aucun suivi. L'internet est un moyen peu coûteux pour ne pas les laisser à l'écart.

Ce qui nous freine...

Il est facile de se laisser convaincre que l'internet est un outil formidable. Dans la réalité, l'utilisateur se trouve confronté à des problèmes de nature financière, technique ou culturelle. Nous allons identifier, profil d'utilisateur par profil d'utilisateur, les principaux problèmes rencontrés :

En famille

Les prix des ordinateurs et des communications téléphoniques sont trop élevés. Aujourd'hui, il faut consacrer entre 8 000 et 12 000 francs à l'achat d'une machine multimédia. À cet achat, il convient d'ajouter l'acquisition d'un modem indispensable au bon fonctionnement du système dont le coût s'élève aux environs de 1 000 francs et le tarif d'abonnement qui varie de 50 à 200 francs par mois. Quant aux communications téléphoniques, le coût de l'heure de connexion se chiffre entre 5 à 15 francs selon le moment de la journée. En outre, le projet de France Telecom de supprimer, en octobre prochain, son tarif « bleu-nuit » qui offre une réduction de 65 % entre 22 h 30 et 6 h 00 du matin constituera un nouveau frein financier à l'encontre de l'internet.

Les possibilités offertes par l'internet sont mal connues du grand public. De nombreux sondages démontrent que les Français ne savent pas très bien ce qu'ils peuvent en attendre. Ils ne savent pas non plus s'en servir. La configuration semble compliquée et l'utilisation complexe.

Il faut maîtriser le langage informatique pour connaître et utiliser l'internet. Par ailleurs, le vocabulaire utilisé est spécifique et ésotérique (fournisseur d'accès, navigateur, Web, serveur, modem, moteur de recherche, prestataire...) et complique l'apprentissage.

La lenteur du téléchargement et de la connexion représentent une difficulté réelle et permanente. L'accès à l'information est trop lent et les recherches souvent infructueuses.

Le contenu est souvent trop promotionnel.

La sécurité et la confidentialité des transactions et des communications sont mal protégées. Les pirates informatiques inquiètent de nombreux particuliers.

Le commerce électronique pose la question de la contrefaçon, de l'identification des acteurs. N'importe qui peut vendre n'importe quoi.

Le réseau est perçu négativement du fait de la présence de contenus illicites (pédophilie, révisionnisme, etc.)

Les services en langue française sont trop peu nombreux. En mars 1997, on dénombrait 7 000 sites en langue française contre 175 000 en langue anglaise (source : France Telecom).

Le flot d'information nécessite un comportement actif de l'utilisateur et donc d'un temps dédié important.

Dans de nombreux foyers, l'utilisation de l'internet bloque la ligne téléphonique.

Dans l'entreprise

Certains salariés estiment que l'informatique demeure encore le domaine réservé des ingénieurs et des spécialistes et expriment une vive inquiétude vis-à-vis de l'utilisation de ce nouvel outil et des possibilités qu'il offre.

La mise en place d'un serveur est complexe. Il faut établir un véritable plan de communication car l'entreprise y joue son image (création graphique et multimédia, intégration technologique, communication d'entreprise, développement et programmation, direction de projet, veille technologique).

Le manque de formation du personnel et le coût de cette formation peuvent paraître trop élevés. Il est indispensable de former les salariés aux diverses applications de ce nouvel outil.

Il faut gérer en permanence le contenu car il n'existe aucune limite à l'accumulation de données et de documents sur le réseau. Cette mise à jour permanente peut sembler compliquée et impraticable à certaines entreprises.

La fréquence et la gravité croissantes des interruptions de service peuvent donner l'impression aux entreprises d'un outil à peine maîtrisé, d'un système encore immature.

Pour certaines entreprises et dans certaines professions, l'informatique ne fait pas partie de leur culture.

À l'école

Dans l'enseignement la question de la formation des professeurs, de l'équipement, de l'abonnement, d'un dispositif d'assistance technique, de maintenance et de renouvellement du matériel constituent des freins sérieux.

Réticence de nombreux enseignants

Nombreux sont les enseignants qui demeurent :
- réservés sur l'apport pédagogique des nouvelles technologies ;
- en porte-à-faux car ils ne sont pas formés à l'utilisation du matériel et méconnaissent les nouveaux usages des réseaux multimédias alors que leurs élèves y sont plus souvent déjà familiarisés ;
- inquiets vis-à-vis de l'évolution de la fonction d'enseignant en présence de ce nouvel outil « concurrent » ;
- hésitants devant le choix des logiciels et des matériels.

Contraintes liées à l'équipement et aux coûts

Le coût de l'équipement, de l'abonnement et des communications téléphoniques reste élevé pour un établissement scolaire et les budgets des collectivités territoriales ne permettent pas toujours de participer au financement de l'équipement des écoles, collèges, lycées et universités.

Une absence de dispositif d'assistance technique, de maintenance et de renouvellement du matériel est un frein sérieux.

Réticence de nombreux parents

La présence de contenus délictueux sur le réseau est source d'inquiétude des parents.

Chapitre 2

Propositions

Volonté politique : bâtir la société française de l'information

Dans tous les pays aujourd'hui en pointe, l'impulsion vient de l'État ou tout du moins, l'État montre l'exemple et crée une dynamique.

Seule la volonté, au plus haut niveau de l'État, de tout mettre en œuvre pour ne pas manquer le rendez-vous de la société de l'information assurera la réalisation des propositions qui vont suivre dans ce rapport.

À ce titre, le rapporteur est heureux de constater que l'accès aux nouvelles technologies semble devenue une priorité jusque dans les discours du Président de la République.

Mais au-delà des récentes prises de position du Président de la République et du Premier ministre, et au-delà de l'action menée par certains ministres comme le ministre délégué à la Poste, aux Télécommunications et à l'Espace depuis deux ans, il est nécessaire que l'ensemble du Gouvernement fasse passer un discours global en faveur du développement de l'internet en France.

*1. **Construire un discours politique positif** qui valorise les atouts français plutôt que d'insister sur le retard national et crée une dynamique qui incite les acteurs français (industriels et créateurs) à investir dans les nouvelles technologies.*
***Construire un discours politique offensif** affirmant la volonté de faire du développement des nouvelles technologies une priorité nationale.*
***Rappeler les opportunités qu'offre l'internet** :*
– une opportunité économique en terme d'emploi ;
– une chance pour le quatrième exportateur mondial ;
– un outil au service de l'aménagement du territoire et du désenclavement des régions ;
– un outil pour compléter la réforme de l'État (réduction des coûts de fonctionnement, amélioration de l'efficacité et rapprochement avec les citoyens) ;
– un outil culturel majeur, notamment dans le cadre de la Francophonie.

Cette nouvelle priorité s'intègre parfaitement dans les thèmes des grands chantiers ouverts par la Premier ministre depuis 1995 : réforme de l'État, simplification administrative, réduction des dépenses publiques, réforme de la sécurité sociale... L'internet peut légitimement être présenté et doit être utilisé comme un outil efficace au service de la nation et des citoyens.

2. Pour chaque projet, les pouvoirs publics doivent se poser la question : « Est-ce que les technologies de l'information peuvent apporter un élément de solution ? »

Pour autant, l'accès de tous aux nouvelles technologies est loin d'être assuré.

*3. **Tendre vers l'objectif d'égalité de tous dans l'accès aux informations par le réseau**, c'est-à-dire l'élargissement du service universel aux nouveaux services. Cet objectif énoncé par Gérard Théry en 1993 doit continuer de guider l'action du Gouvernement.*
Les pouvoirs publics doivent réfléchir à attribuer une adresse électronique à tous les Français [1]. *L'atout que représente le parc des 6 millions de terminaux Minitel installés en France pourra être exploité pour accéder aux boites aux lettres correspondant à ces adresses.*

Cette volonté du Gouvernement devra se traduire par les mesures suivantes :

4. Réunir un comité interministériel pour la société de l'information, qui incarne le volontarisme du Gouvernement de développer l'internet en France.
Ce comité aura pour mission de définir une action gouvernementale plus efficace, plus adaptée aux besoins des administrés grâce à l'utilisation des nouvelles technologies.
Il définira les priorités et les moyens à mettre en œuvre.
Il coordonnera l'action des pouvoirs publics et la mise en œuvre des projets retenus.
Il organisera des partenariats publics (entre administrations) et avec le privé.
Il avalisera notamment les missions sectorielles qui seront prises en charge par chaque ministère compétent et opérera un suivi de ces différentes missions.
Ce comité pourrait émaner de l'actuel Comité interministériel sur les autoroutes de l'information.

*5. **Par ailleurs, un comité consultatif pour la société de l'information doit être créé**, afin de :*
– réagir pour avis aux projets du Gouvernement ;
– conseiller le Gouvernement sur l'usage des nouvelles technologies ;
– proposer de sa propre initiative sa vision de la société française de l'information, d'être auprès du Gouvernement « agitateur d'idées » pour envisager toutes les applications des nouvelles technologies au service de la nation ;
– suivre le travail effectué dans les instances européennes ou internationales en charge des technologies de l'information.
Ce comité peut s'appuyer sur une instance existante comme :
– la CSSPTT (proposition du sénateur Laffitte) ;

(1) Cette adresse permettra d'éviter aux utilisateurs de l'internet de devoir changer d'adresse électronique lorsqu'ils voudront changer de prestataire d'accès.

– ou l'Observatoire des autoroutes de l'information, qui a déjà pour mission de tirer le meilleur profit des expériences en cours et de prendre les orientations adéquates pour les choix du gouvernement.
Placer à la tête de ce comité une personnalité reconnue par les professionnels.

Les enjeux sont tels qu'il est nécessaire de mieux connaître les grandeurs économiques.

Par ailleurs, nous manquons de projections ou d'études sur les conséquences en terme d'emploi en France.

6.** Il est nécessaire que l'action du gouvernement en la matière puisse **s'appuyer sur des outils spécifiques d'étude à l'échelle du territoire national sur les coûts de développement des nouvelles technologies, les bénéfices escomptés, les économies engendrées, une évaluation des conséquences en terme d'emploi...

L'effort financier du gouvernement est nécessaire pour certains projets d'importance stratégique, notamment dans le domaine de l'Éducation. Néanmoins, en matière d'investissements, c'est du secteur privé que l'effort principal est attendu. L'État joue un rôle de catalyseur.

***7. Dégager les moyens nécessaires** et significatifs pour intégrer l'internet aux grands chantiers tel que l'éducation, ou la réforme de l'État.*

Exemple étranger significatif : le Secrétariat de l'autoroute de l'information (SAI), créé au Québec le 2 août 1995, a été doté d'une enveloppe de 60 millions de dollars (tranches annuelles de 20M CA$).

***8.** Redéployer des moyens notamment au sein de l'Administration et dans l'Éducation nationale (pour l'informatisation des bibliothèques et l'informatique de gestion).*
***Développer une gestion mixte des projets entre l'État et le privé,** notamment dans le domaine de l'éducation, de l'équipement des lieux publics. Les licences mixtes existent déjà et doivent être mieux utilisées.*

La politique concurrentielle

Le secteur des télécommunications

Les nombreux témoignages recueillis dans le cadre des auditions attestent l'importance du nouveau cadre concurrentiel qui doit s'ouvrir en France dans le secteur des télécommunications à partir du 1er janvier 1998.

Les attentes sont nombreuses. Il s'agit de bénéficier :
– d'une baisse globale des tarifs des télécommunications, en particulier pour les liaisons spécialisées ;

– de profiter d'offres novatrices dans les services en ligne, et notamment du point de vue tarifaire ;
– d'accélérer les alliances entre des opérateurs de télécommunications et l'industrie du multimédia pour voir émerger des offres groupées donnant accès à l'internet.

Ces attentes confirment le caractère vertueux du processus d'ouverture à la concurrence des télécommunications en France, pour favoriser le développement des services en ligne. Dès lors, il est indispensable que le processus engagé lors de l'adoption de la loi de réglementation des télécommunications en juillet 1996 soit poursuivi, conformément à l'objectif de voir émerger en France une concurrence saine, dynamique et équitable.

Le secteur informatique

Le développement de systèmes cloisonnés enfermant les utilisateurs dans des normes propriétaires et favorisant l'émergence de monopoles sont tout à la fois dangereux sur des réseaux de la puissance et aux dimensions de l'internet, mais également générateurs de surcoûts indus pour les consommateurs.

9. La France doit affirmer son attachement au développement de systèmes informatiques ouverts, fondés sur des standards publics permettant la plus grande interopérabilité des terminaux, des réseaux et des services.

10. Renforcer la mission de veille de la DGCCRF, en liaison avec le SERICS, sur le développement du marché informatique mondial, *afin de recueillir toute information sur l'émergence de monopoles dans ce secteur, ainsi que toutes propositions tendant à favoriser le développement de systèmes ouverts.*

Informer le public : la force de la démonstration

Sensibiliser les Français à l'intérêt de l'internet

Les Français cernent difficilement ce qu'ils peuvent attendre de l'internet dans leur vie professionnelle et quotidienne.

Des réticences culturelles freinent ainsi dangereusement le développement de l'internet en France. Les dirigeants politiques et économiques Français ne voient dans l'ordinateur qu'un simple outil bureautique ou de gestion, et non un outil d'amélioration de leur propre productivité et celle de la France.

Par ailleurs, le fait que certaines personnes qui font l'opinion se vantent de ne pas avoir d'ordinateur, n'est pas propice à créer une adhésion nationale à ces nouvelles technologies. L'information la plus efficace est celle de l'exemple donné : le comportement de nos dirigeants est à ce titre fondamental.

L'information est un point capital qui nécessite de mobiliser les énergies de l'ensemble du gouvernement et des pouvoirs publics dans le but d'éveiller la conscience du public sur l'intérêt des nouvelles technologies.

11. Lancer une campagne d'information à destination du grand public, des administrations et des entreprises qui pourrait être intitulée « l'internet pour tous ».
Médiatiser et dédiaboliser l'internet passera par la définition d'un message général clair sur ce que sont les nouvelles technologies et ce que les Français peuvent en attendre dans leur vie quotidienne.
Faire décliner les messages par les relais institutionnels, collectivités locales, chambres consulaires, etc., en fonction des cibles que sont par exemple les différents métiers.
Tous les moyens de diffusion de l'information seront utilisés : édition de plaquettes, de livrets, de guides sur le thème « Comment l'internet peut-il vous aider ? », organisation de forums au niveau local, de journées portes ouvertes...
Il conviendra d'inscrire dans le cahier des charges des chaînes publiques l'obligation de diffuser des émissions d'information sur les technologies de l'information et le multimédia.

Une information continue doit être proposée en parallèle de cette campagne d'information pour répondre aux questions quotidiennes que les Français peuvent se poser sur l'internet.

12. Mettre en place des moyens dédiés pour l'information continue :
– par téléphone : mise en œuvre d'un Numéro vert disponible 24h/24 *pour répondre aux interrogations des citoyens sur les nouvelles technologies. Ce site pourrait être parrainé par un opérateur de télécommunications ;*
– par l'internet *: mise en œuvre* ***d'un site grand public d'information sur les technologies de l'information ;***
– par Minitel *: sur un 3614, avec possibilité pour le public d'écrire et de poser des questions.*

L'internet à l'honneur

13. À l'image des oscars américains ou des césars français, créer un prix récompensant le meilleur site sur l'internet, le plus visité, etc.
Comme il existe celle de la musique, créer une « Fête de l'internet ».

Suivre son développement en France

Une certaine confusion règne actuellement en matière de statistiques et de prévisions sur le multimédia en général, et sur l'internet en particulier. Il n'existe pas à ce jour de données fiables susceptibles d'évaluer l'offre et la consommation de nouveaux services de l'information.

Cette situation entretient la méconnaissance et la méfiance. Elle peut conduire à des choix antiéconomiques. Elle constitue, sans nul doute, un obstacle au développement des services en ligne.

Pour remédier à cette situation, un investissement méthodologique (concepts, définitions, mode de mesures) important est à mener.

14. En matière de statistiques, il serait souhaitable de mettre en place un groupe d'experts qui aurait pour missions :
– de préciser et de proposer des définitions opérationnelles pour les nouveaux services d'information et de communication ;
– de donner des avis sur les principales données publiées ;
– de rassembler les informations utilisables pour apprécier le développement de ces services.

Il ne semble pas nécessaire à cette fin de créer une nouvelle institution : le Commissariat général au Plan et, vraisemblablement, le Conseil national de l'information statistique ont pleinement vocation à jouer, à cet égard, un rôle de coordination et d'impulsion.

L'école à l'heure du numérique

Les acteurs de l'internet s'accordent à considérer que le développement des services en ligne en France passe principalement par une introduction de cette nouvelle technologie dans la sphère éducative, de l'école primaire à l'université. L'accès à l'emploi exigera de plus en plus des connaissances dans le domaine du multimédia car de nombreuses entreprises vont se redéployer sur les réseaux électroniques ; les futurs salariés devront être familiers de ces nouveaux usages. Tout dispositif d'éducation initiale et de formation continue doit prendre en compte cette nouvelle dimension de l'activité professionnelle. Par ailleurs, les fortes potentialités de l'internet en matière de banques de données disponibles internationalement, de mutualisation et d'échanges culturels constituent une valeur ajoutée pour le système éducatif. À ce titre, c'est un levier essentiel pour le rayonnement de la francophonie.

Dans le secteur de l'éducation, la démarche déconcentrée et décentralisée s'impose afin de rompre avec les effets néfastes du type de ceux constatés lors du Plan informatique pour tous (1985). L'Administration centrale doit se limiter à l'impulsion et l'orientation, voire à la conclusion d'accords-cadres avec les opérateurs de télécommunications et les fabricants de matériels et à la labellisation de contenus.

Les propositions s'inscrivent dans une logique fondée sur le pragmatisme, la concertation et le partenariat. Quatre approches différentes mais complémentaires assureront une cohérence d'ensemble : le déploiement d'une infrastructure de qualité devra simultanément s'accompagner d'un vaste plan de formation ; mais c'est surtout vers une véritable « culture informatique et de réseau » qu'il faut orienter la communauté éducative. Par ailleurs, les fortes potentialités qu'offre l'internet dans le marché mondial de la téléformation en font un outil essentiel de la francophonie, ce qui nécessite une action volontariste au bénéfice de l'industrie des contenus.

Équiper

Le taux d'équipement actuel fait apparaître un fort déficit à tous les échelons du système éducatif ; le projet de connexion des collèges et des lycées doit être accompagné de mesures spécifiques, pour les écoles primaires, lieu des apprentissages fondamentaux et surtout à l'université, dernière étape avant l'entrée dans le monde du travail.

En France, on dénombre 1 ordinateur pour environ 26 élèves en collèges, pour 12 élèves en lycées et pour 8 élèves en lycées professionnels. Environ 1 000 lycées et collèges ont accès à l'internet et 21 académies ont créé un serveur ; l'équipement des écoles primaires est d'environ 1.1 ordinateur par établissement (source : Éducation nationale, avril 1997).

15. Élargir le projet de connexion des collèges et lycées à l'ensemble des établissements, de l'école primaire à l'université. Il est proposé, dans un délai de 3 ans, ***que tout élève ou étudiant sortant du système scolaire maîtrise la pratique des réseaux électroniques****.*

Une attention toute particulière devra être portée à la connexion à l'internet ; autant il est important que les lycéens et étudiants soient formés à la recherche d'informations, autant il n'est pas concevable que les élèves des écoles primaires et des collèges aient accès librement à la totalité des contenus disponibles sur le réseau planétaire ; certains d'entre eux leur seraient nocifs, ne l'oublions pas. La configuration doit permettre des échanges interécoles et donner accès dans un cadre délimité à certains serveurs de l'internet.

16. Créer un Intranet « éducatif » : pour les élèves d'écoles primaires et de collèges, cet Intranet donnerait accès à une liste limitée de serveurs du réseau internet. Pour les lycées et universités, l'accès serait libre.

Les réseaux, à l'école comme ailleurs, transforment l'organisation de la vie collective ; il faut que la communauté en soit consciente et prête à réorganiser en conséquence son fonctionnement.

La méthode pour équiper les établissements scolaires est un élément essentiel de la réussite du projet. La première règle à respecter est une concertation préalable avec les enseignants concernés. Cette démarche doit privilégier les partenariats entre les acteurs locaux : enseignants, parents d'élèves, collectivités territoriales, fournisseurs d'accès et de services, opérateurs de télécommunications et fabricants de matériels.

17. Avant toute introduction d'équipements informatiques dans les établissements scolaires, privilégier systématiquement la concertation et le partenariat entre les acteurs concernés.

Les potentialités de l'internet peuvent être mises à profit pour améliorer la communication interne entre l'administration et les établissements ainsi qu'entre équipes pédagogiques. Il est envisageable de mettre en ligne certains supports de cours, voire donner la possibilité aux étudiants qui le souhaitent de mettre leur thèse en ligne. Pour les enseignants, l'internet représente une vaste banque de données ainsi qu'un outil de mutualisation des expériences pédagogiques. La Banque de programmes et de services (BPS) de la chaîne « La Cinquième » pourrait occuper une place de choix dans ce dispositif (notamment par la possibilité de télécharger des programmes éducatifs).

18. Renforcer le projet actuel de serveur « Educasource » destiné aux enseignants ; le relier à l'Intranet « éducatif » et à l'Intranet administratif.

Les enseignants doivent disposer de lieux de ressources pédagogiques à proximité des établissements scolaires, ainsi que de l'assistance technique d'un enseignant spécialisé (comme pour d'autres matières, un corps de conseillers pédagogiques multimédia pourrait être créé) ; les CDDP (centres de documentation pédagogique) ont naturellement vocation à assumer ce rôle. Les bibliothèques scolaires, universitaires et municipales sont également des lieux privilégiés pour accéder à l'internet.

19. Créer des centres-ressources « multimédia éducatif en ligne » dans les CDDP animés par des conseillers pédagogiques multimédias (enseignants spécialisés).

Les coûts d'équipement, d'abonnement et de communication téléphonique peuvent constituer un frein ; or, les lieux publics sont des places privilégiées pour permettre l'accès de tous à ces technologies. Mais l'efficacité d'un tel système repose sur un accompagnement, sur une animation. C'est la raison pour laquelle ces lieux de passage pourraient être animés par des « animateurs volontaires multimédias », issus du service volontaire national.

20. Mettre en place des bornes internet « cyberjeunes » dans tous les lieux publics à caractère éducatif, scientifique et

d'insertion (CIO, CDDP, missions locales, PAIO, CIDJ, maisons de quartier, foyers ruraux, auberges de jeunesse, point d'accueil jeunes, etc.) ; ces lieux cyberjeunes seraient animés par des « animateurs volontaires multimédias », issus du service volontaire national.

Le financement de l'équipement des écoles primaires va reposer en grande partie sur un engagement des communes. Il convient de soutenir l'effort de ces dernières en redéployant les concours financiers de l'État. La DGE (dotation globale d'équipement) prévoit déjà la prise en compte des opérations informatiques :
- livraison et installation ;
- mise en service d'un réseau ;
- achat de licence de base de données

Actuellement, la DGE est décentralisée ; la commission départementale d'élus fixe chaque année les catégories d'opérations prioritaires, puis le préfet arrête la liste des opérations à subventionner et le montant de l'aide. À cette étape, le gouvernement peut inciter les préfets à privilégier, quand la situation locale s'y prête, les opérations informatiques scolaires.

21. DGE (dotation globale d'équipement) : inciter les préfets à privilégier, si la situation locale s'y prête, les équipements informatiques scolaires lors de l'établissement de la liste annuelle des opérations à subventionner.

Former

La formation des enseignants et futurs enseignants est la principale condition de réussite. Il reste de nombreux enseignants à convaincre de l'intérêt pédagogique de ces outils, surtout après les difficultés de mise en œuvre du Plan informatique pour tous (1985). Selon l'association Enseignement public et informatique, 70 % des enseignants français n'utilisent pas l'informatique ; ce résultat corrobore d'autres études montrant que 73 % des enseignants européens ne se « sentent pas à l'aise » avec l'informatique.

L'équipement et la formation peuvent rester sans effet, si les programmes scolaires n'intègrent pas un contenu sanctionné dans les concours et examens. Actuellement, certains concours administratifs comportent une épreuve informatique facultative. Il s'agit d'actualiser les programmes existants et d'inscrire une épreuve aux examens et concours ; cette proposition devrait s'appliquer dans un délai de 3 ans.

22. Renforcer le programme de formation « réseaux informatiques » des enseignants et futurs enseignants (notamment dans les IUFM) ainsi que des corps d'inspection, des chefs d'établissements et personnels administratifs. Tout projet d'équipement doit être accompagné d'une formation des futurs utilisateurs.

23. Instituer, progressivement sur une durée de 3 ans, une épreuve pratique obligatoire portant sur les réseaux informatiques dans tous les examens et concours de l'Éducation nationale (particulièrement dans les concours de recrutement d'enseignants).

Développer une culture informatique et de réseau

L'effort d'équipement des établissements scolaires et universitaires doit être accompagné de mesures visant à développer « une culture de réseau ». Les technologies communicantes donnent une nouvelle dimension aux échanges scolaires, à la mutualisation des expériences, à l'accès aux bases de données et à l'optimisation de ressources informatiques parfois sous-utilisées.

24. Dans un délai de 3 ans :

- *Mettre en œuvre les « jumelages électroniques » et les échanges en ligne entre écoles françaises et étrangères.*
- *Soutenir les projets d'activités périscolaires : classes de découverte multimédia.*
- *Développer la possibilité donnée aux candidats de s'inscrire aux examens et concours par l'internet. Y faire figurer les résultats.*
- *Promouvoir la messagerie électronique à l'école et attribuer à chaque étudiant une adresse électronique, dont la boîte sera, pour lui, accessible de partout : lieu scolaire, lieu public ou dans le milieu familial.*
- *Systématiser l'autorisation pour les élèves et les étudiants de rendre des copies sous forme dactylographiée.*
- *Utiliser les potentialités du réseau pour le soutien scolaire (ex : aide au devoir, remise à niveau).*

Enseignement à distance et téléformation

L'enseignement à distance et la téléformation peuvent tirer parti de ces nouvelles technologies qui affranchissent des contraintes de distance et de temps ; cette activité fait l'objet d'investissements importants de la part d'opérateurs internationaux compte tenu de l'explosion attendue de ce marché. L'entrée d'acteurs industriels des télécommunications, de l'informatique et de l'audiovisuel modifie l'équilibre économique de ce secteur ; cela doit conduire les pouvoirs publics à s'interroger sur l'action internationale, notamment en direction de la communauté francophone.

L'enseignement à distance et la téléformation, considérés longtemps comme des activités subsidiaires sont de plus en plus reconnus comme des activités complémentaires de l'enseignement traditionnel. Le

« campus électronique » initié par le CNED, préfigure ce nouveau mode d'enseignement en ligne.

L'entreprise y trouve également des avantages. Par exemple, le centre de formation bancaire (CFPB) développe un serveur internet « banque de ressources pédagogiques » (BRP) visant à former 300 salariés provenant de 10 établissements bancaires répartis sur 30 sites.

25. Mettre en œuvre un plan stratégique international de l'enseignement à distance et de la téléformation (à l'instar de l'action audiovisuelle extérieure) incluant une évolution du statut du CNED.
L'enseignement à distance est un « marché mondial » où l'industrie française des contenus se doit d'être présente et où la francophonie se doit d'être bien représentée. Aussi les synergies entre RFI, le CNED, TV5, CFI, la Cinquième sont à encourager.
De même, concentrer les synergies entre le CNED, les universités, le CNAM et les grandes écoles pour développer les partenariats en matière de production de contenus.

Développer des contenus

La mise en ligne de contenus permettra de constituer une vaste bibliothèque mondiale et de démultiplier les échanges entre étudiants. Les universités anglo-saxonnes utilisent déjà cette technologie en diffusant certains supports de cours, ainsi que les thèses des étudiants qui le souhaitent. Cette mutualisation des données et éléments de recherche représente une des fonctions les plus prometteuses de l'internet.

26. Mettre en ligne, dans des conditions à définir, les thèses des étudiants qui le souhaitent et certains supports de cours à l'échelle nationale.

L'édition des produits pédagogiques occupe une faible place dans le marché du multimédia culturel ; aussi, le ministère de l'Éducation nationale intervient directement par des procédures d'acquisition a posteriori, type « licence mixte » (acquisition du droit d'usage pour des produits qu'il labellise). Cette procédure constitue d'une part une aide directe à la diffusion du produit et d'autre part, une aide indirecte à la production. Environ 200 logiciels « licences mixtes » sont répartis entre les différentes disciplines d'enseignement. Le financement de ce dispositif (20 MF) reste insuffisant et trop orienté vers les produits « hors ligne ».

27. Promouvoir la création de contenus éducatifs en ligne :
– par l'augmentation du budget affecté aux « licences mixtes » (éditeurs et ministère de l'Éducation nationale) ;
– ou en créant une nouvelle ligne budgétaire dédiée aux produits multimédias interactifs, avec un mécanisme comparable à celui du livre scolaire.

@dmnistration / citoyens : l'internet au service de l'État

Amélioration des relations entre l'usager et l'Administration

Dans son rapport au Premier ministre de février 1995, Philippe Langenieux-Villard, député, soulignait très justement que la puissance publique faisait preuve d'insuffisances dans ses rapports avec l'usager :

« – L'État n'assume pas sa *mission d'information* : la débrouillardise reste le meilleur conseiller de l'usager,

– *L'accès au service public* répond encore trop aux besoins du service et pas assez aux sollicitations du public,

– *Les formalités administratives* ont transformé l'usager en un traducteur de textes compliqués et non en bénéficiaire de solutions simples,

– Quand un usager fait valoir un *droit*, il semble n'avoir que des devoirs,

– Mais quand un service public a en charge une *prestation*, il semble n'avoir que des droits. »

Les citoyens ont droit au meilleur service de la part de l'État et *les nouvelles technologies permettront d'y parvenir rapidement.*

La force de la démonstration : l'État doit donner l'exemple

Vis-à-vis des nouvelles technologies de l'information et de la communication (NTIC), l'État a un rôle moteur à jouer ; il doit être le catalyseur d'une appropriation nationale par les particuliers et les entreprises des NTIC. Pour cela *il doit donner l'exemple* et prouver que l'internet apporte de réels avantages en terme d'accès à l'information, d'accès au savoir, de gain de productivité, de compétitivité internationale et par conséquent en terme d'emploi (création de nouveaux métiers et valorisation des métiers existants). Il doit définir un calendrier d'action décliné en fonction de deux objectifs généraux :

La volonté politique

La première condition, précédemment développée, est celle de la volonté politique. Le groupe de coordination interministériel en définissant une stratégie globale, une vision universelle du développement des NTIC dans la société française, permettra de coordonner tous les projets gouvernementaux existants ou futurs. En outre, le pouvoir de décision de ce groupe lui permettra de lever tous les freins liés aux procédures administratives que rencontrent les pilotes des différents projets.

Objectif n° 1 : Les nouvelles technologies d'information et de communication ne doivent pas être une simple mesure d'accompagnement mais le pivot de la modernisation [1] de l'État pour que le service public travaille mieux, coûte moins et apporte un plus grand service pratique aux citoyens.

Objectif n° 2 : L'État doit mettre en réseau l'Administration, c'est-à-dire passer d'une informatique de gestion à une informatique de communication. Meilleure sera la communication, meilleures seront les décisions.

Sensibiliser l'administration

L'État devra d'abord convaincre les hauts fonctionnaires de l'État de l'importance des NTIC. Il s'agit pour eux d'une révolution culturelle, la maîtrise de l'information étant partie constituante de leurs prérogatives. Il faut les convaincre de donner l'exemple en utilisant quotidiennement ces nouvelles technologies. Leur pouvoir de décision n'en sera pas amoindri mais enrichi.

28. Mobiliser les grandes écoles d'administration afin qu'elles intègrent l'utilisation des NTIC dans leur programme de formation.

Le développement des NTIC dans l'Administration sera accepté par tous comme une évolution naturelle dès lors que le travail quotidien en sera facilité. Les agents publics déjà familiarisés au multimédia sont les mieux placés pour montrer l'exemple.

29a. Il est indispensable d'identifier au sein de chaque administration les personnes compétentes dans l'utilisation des NTIC pour leur confier par exemple une mission de formation.

29b. Il est urgent d'intégrer le multimédia dans les actions de formation professionnelle et de prévoir un plan d'action à court terme pour que chaque agent en bénéficie.

29c. Les concours administratifs doivent être réorientés afin de tenir compte des NTIC dans le fonctionnement de l'administration. L'État veillera à ce que tous les candidats puissent s'entraîner aux techniques multimédias dans la préparation de leur concours.

29d. Fournir à chaque agent public une adresse électronique d'ici l'an 2000.

(1) Le Gouvernement a mis en œuvre un plan de modernisation de l'État : pour un État plus simple, plus proche, plus efficace et plus moderne.

Mettre en réseau l'Administration

La mise en réseau de l'Administration doit s'effectuer de façon pragmatique, en s'appuyant notamment sur la compétence de ses ingénieurs mais sans vouloir tout normaliser [1], l'équipement comme les contenus.

30. L'État doit constituer un réseau Intranet et peut-être des réseaux extranets (réseaux internes à une organisation ou à un ensemble d'organisations avec des accès identifiés ou sécurisés) permettant aux agents publics de s'échanger des informations, d'accéder à des fonds documentaires, de gérer des fichiers en commun, de suivre le déroulement d'un projet, d'organiser des réunions, etc.

Les applications sont innombrables :
- une meilleure gestion du personnel grâce à un échange d'informations en temps réel des offres d'emploi et des compétences disponibles ;
- une meilleure gestion des risques en globalisant les moyens et en individualisant les réponses. Des centres de traitement spécialisés pourraient par exemple exercer un contrôle de légalité plus efficace par télétravail ;
- un traitement statistique en temps réel du territoire national (les administrations travaillent aujourd'hui sur un recensement qui date de 1990).

Les mairies réfléchissent d'ores et déjà à la mise en place d'un tel Intranet pour leurs besoins propres : l'Association des maires de France a décidé de relier par Intranet ses 100 associations départementales pour, à terme, relier ses 36 000 membres.

Organisation disséminée sur l'ensemble du territoire, les membres de l'AMF pourront ainsi bénéficier des avantages du travail en réseau (économie d'expéditions postales, économie sur les déplacements, rationalisation et partage de l'information, optimisation des compétences, formation à distance...). Cette nouvelle dynamique poussera les mairies à s'équiper pour bénéficier plus vite des atouts de ce réseau Intranet et des services qui y seront offerts.

Elles deviendront alors un relais privilégié pour l'accès à l'internet. Ce rôle pivot doit être favorisé, les mairies pouvant jouer localement un rôle prescripteur auprès des citoyens, du tissu économique, des écoles et des autres autorités publiques.

Toutefois il n'est pas acquis que toutes les mairies disposeront des équipements nécessaires à cet objectif. Aussi, l'AMF pourrait-elle lancer un appel d'offres groupé pour assurer l'équipement au meilleur coût des mairies désireuses d'être reliées au réseau. L'État devra aider l'AMF dans cette initiative.

(1) Cf. le Plan informatique pour tous, 1985.

Mieux informer les usagers

La circulaire du Premier ministre du 15 mai 1996 relative à la communication, à l'information et à la documentation des services de l'État sur les nouveaux réseaux de télécommunications est représentative de la prise de conscience du gouvernement d'utiliser les NTIC. Aujourd'hui, il faut aller plus loin.

La mise en ligne « intelligente [1] » des informations détenues par les pouvoirs publics doit exploiter au maximum les spécificités de ce nouveau média.

31a. La CCDA doit renforcer son pôle de compétence internet. Elle devra veiller à inciter chaque ministère à orienter leur site Web sur le mode d'un service pratique [2].

31b. Intégrer au bottin administratif les adresses électroniques des serveurs et des personnes des différentes administrations.

31c. S'assurer que l'ensemble des serveurs administratifs offrent des outils de recherche aussi simples que possible (en langage naturel notamment).

Les liens hypertextes permettent de relier les sites entre eux suivant certains critères de recherche. Les sites gouvernementaux et administratifs doivent se doter d'un moteur de recherche facile d'utilisation pour l'utilisateur.

32. L'État doit associer à l'élaboration de ses sites d'information (aux particuliers et aux entreprises) tous les établissements publics et d'une manière générale toutes les organisations servant de relais entre les professionnels et l'Administration. Il doit également dans ce cadre soutenir les collectivités territoriales qui sont souvent précurseurs dans le domaine des NTIC.
Soutenir l'action des chambres consulaires, notamment celles des CCI qui développent des sites d'information dédiés aux entreprises. *L'État doit mettre à disposition des chambres consulaires toutes les informations qui sont nécessaires aux entreprises, afin qu'elles puissent les organiser en fonction des besoins qu'elles connaissent bien.*
Par ailleurs, les « cyber-espaces » développés par les CCI doivent pouvoir bénéficier du fonds de la réforme de l'État au même titre que les maisons de services publics.

(1) Exploitant notamment la nature hypertextuelle des liens de l'internet.
(2) Certains ministères ont d'ores et déjà des sites tout à fait remarquables, comme le ministère des Finances, le ministère des Affaires étrangères ou le ministère de la Poste, des Télécommunications et de l'Espace.

33. La mise en réseau de l'Administration doit associer les collectivités locales en les intégrant à des réseaux extranets. Les élus locaux sont proches de leurs administrés et connaissent leurs préoccupations quotidiennes auxquelles ils répondent par des actions concrètes sur le terrain mais aussi en étant leur relais auprès du Gouvernement. Il faut donc créer des passerelles de communication multimédia entre les élus locaux, le Gouvernement et les administrations, notamment entre le Parlement et les administrations.

34. Un site d'information sur les métiers doit être développé à la fois par l'ONISEP et par les entreprises elles-mêmes pour répondre de façon pratique aux questions des jeunes (quelle filière pour quel métier et quels débouchés ?).

Quant aux autres données publiques, la question de leur mise en ligne fait l'objet d'un examen approfondi dans le sous-chapitre traitant des contenus et intitulé : « Augmenter l'attractivité de l'internet »

Favoriser l'accès au service public

Les citoyens doivent pouvoir accéder aux services administratifs en dehors des heures de bureau.

Tenant compte du faible taux d'équipement informatique des foyers français, l'État doit donc multiplier les points d'accès publics au réseau internet, d'une part dans un souci d'égalité et d'autre part pour que les utilisateurs puissent se familiariser avec le réseau et découvrir ses avantages en terme de contenus et de services.

35. Multiplier les points d'accès publics au multimédia, accès gratuit et animé par des formateurs. En priorité dans les lieux facilement accessibles au public comme les bureaux de poste, les gares, les stations de métro, les aéroports.

En général, ces lieux ne sont pas contraints par des horaires de bureau. Il s'agit pour l'État de créer un environnement économique favorable pour inciter les entreprises privées à s'investir sur ce projet en partenariat avec la Poste, la SNCF, la RATP, etc.

36a. Soutenir financièrement les communes ou groupement de communes afin qu'elles puissent disposer de tels lieux.

36b. Parallèlement, lancer un appel à propositions auprès des communes en partenariat avec l'Association des maires de France et l'Association des villes numérisées, afin de recueillir des projets d'intégration des NTIC dans la vie locale (formation continue ou à distance, tourisme économique, vie culturelle, télétravail, éducation...). Un comité de sélection sera chargé d'examiner les propositions et celles qui seront retenues bénéficieront d'une aide financière de l'État au titre d'expérimentation.

37. Les maisons de services publics et les « faciliteurs » administratifs qui les animent doivent être à la fois la vitrine des efforts des pouvoirs publics en matière de NTIC, et des lieux d'apprentissage aux techniques multimédias et d'information.

Simplifier les formalités administratives

Alléger les formalités administratives doit être une préoccupation constante des pouvoirs publics, dans un souci de simplification et de rationalité. La généralisation des téléprocédures permettra aux entreprises de réaliser des économies sur leurs coûts fixes et à l'État des gains de productivité.

Le développement de l'internet constitue ainsi une opportunité pour simplifier les transactions administratives, en présentant l'avantage pour l'administré d'effectuer une partie de ses démarches à distance, et pour l'Administration d'être un facteur d'efficacité et de rapidité dans le traitement des données.

38. Multiplier les expérimentations de transactions administratives en ligne (sur le modèle de l'expérimentation conduite par le ministère des Finances sur son site internet ou par le CERFA pour la mise en ligne de formulaires administratifs). Penser aux déclarations administratives en ligne.

Les téléprocédures permettent aux entreprises de réaliser des économies conséquentes sur les frais administratifs. L'échange de données informatisé (EDI) entre les entreprises et l'Administration a eu aux États-Unis un effet de levier sans précédent sur le développement des échanges informatisés. Il est aujourd'hui nécessaire en France de dépasser le cadre des expérimentations et de fixer des échéances réalistes.

39. Permettre aux entreprises d'envoyer leurs déclarations fiscales, sociales, douanières via l'internet pour le 01/01/1999.

Les déclarations les plus coûteuses sont les déclarations mensuelles : les DCS ou déclarations de cotisations sociales (URSSAF, ASSEDIC, caisses de retraite...) et les déclarations de TVA qui représentent au total plus de 50 millions de formulaires. En regroupant les DCS en une déclaration unique, le nombre de déclarations est réduit de 36 millions à 8 millions. En supposant que la dématérialisation permette un gain minimum de 20 F par déclaration (8 millions de DCS et 20 millions de déclarations de TVA), c'est 1/2 milliard de francs de charges en moins pour l'économie globale des entreprises. C'est aussi plus de temps à consacrer à son activité, à ses affaires et à son personnel.

La mise en œuvre des téléprocédures nécessite de :

40a. Fédérer autour d'un projet et d'un cadre normatif commun toutes les expérimentations de téléprocédures déjà mises en œuvre par certaines administrations.

Ce cadre devra faire coïncider les besoins des utilisateurs et les gains de productivité pour l'État. La dématérialisation des procédures permettra d'améliorer les relations entre les administrations et les usagers en allégeant les formalités administratives, à condition de veiller à l'harmonisation des protocoles d'échange.

Par ailleurs, le format des données doit être normalisé : ainsi la circulaire du 16 janvier 1997 a-t-elle retenu le choix de la norme EDIFACT-ONU dans tous les échanges entre l'Administration et les usagers.

40b. Chaque administration doit veiller à former les agents publics les plus concernés à l'EDI et sensibiliser les responsables.

40c. Les formulaires doivent être mis en ligne dans les serveurs Web ministériels.

40d. Les éditeurs de progiciels de gestion destinés aux entreprises doivent pouvoir intégrer les télédéclarations dans leurs produits.

40e. Les marchés publics doivent rapidement être accessibles en ligne. Pour cela, il est nécessaire d'offrir la possibilité aux candidats de consulter en ligne les cahiers des charges et de dématérialiser certaines des pièces justificatives qu'ils doivent fournir.

Numériser la vie locale

La numérisation de la vie locale est un aspect fondamental de la modernisation de la société française, pour lutter contre le désenclavement, pour dynamiser la vie économique locale, pour offrir un contenu de proximité et permettre aux habitants des zones rurales de ne pas subir les effets néfastes de leur isolement en terme d'accès à l'information et aux services et de profiter de nouvelles opportunités en terme d'emploi notamment grâce au télétravail.

Parthenay, ville numérisée

Parthenay illustre parfaitement les bénéfices apportés aux citoyens de la ville par la création d'un bulletin board system (BBS) et la reprise de ce serveur sur un Intranet, appelé « In Town Net ».

• Après dix mois d'utilisation le système avait enregistré plus de 34 000 connexions externes aux services de la mairie et

200 utilisateurs réguliers parmi les particuliers et les membres d'associations.

• Les habitants de la ville disposent d'une page d'accueil (« home page ») et ceux qui ne sont pas équipés en informatique pour se connecter au système peuvent s'inscrire sur l'annuaire en se rendant dans les espaces numérisés de la ville où l'accès aux postes est gratuit.

• Des forums invitent la population connectée à échanger leur point de vue sur la vie de la citée ou sur l'actualité.

• « In Town Net » permet l'accès à l'internet et une rubrique facilite l'utilisation du réseau en expliquant les principales fonctions des navigateurs et en présentant une liste d'annuaires de recherche et de sites Web sélectionnés.

• Le supermarché local a ouvert un catalogue électronique de plus de 3 000 produits permettant aux habitants de commander et de se faire livrer (notamment efficace pour les personnes âgées, les habitants des villages voisins et les handicapés).

• Un projet intra-villages est en cours afin de pallier l'absence de commerces, le supermarché prenant en charge le financement des micro-ordinateurs dans les « points-contacts ». Ces points contacts devraient également faciliter les relations avec l'Administration.

• Des commerçants locaux présentent leurs produits en ligne (produits locaux et catalogue de vente par correspondance).

• Le Trésor public du district de Parthenay va ouvrir un forum de discussion avec les contribuables locaux qui pourront obtenir des renseignements par le courrier électronique et les réponses auront un caractère officiel. D'autres administrations suivent (La Poste, EDF-GDF).

• Les services municipaux sont en ligne (liste des membres du conseil municipal et des services techniques, compte rendu des réunions du Conseil municipal et du Conseil du district). Une rubrique services aux administrés donne les horaires d'ouverture des différents services et développe des informations sur l'État civil, les pièces d'identité, les listes électorales, les étrangers...

• Le projet intra-hôpitaux réunit trois hôpitaux de la région. Les 1 000 employés des trois hôpitaux et à travers l'Intranet municipal de Parthenay, les 200 médecins de la ville, les pharmaciens, les maisons de retraite et de santé seront connectés entre eux. L'objectif est de partager les connaissances et d'effectuer une meilleure gestion sociale du patient.

• Le journal municipal électronique donne des informations sur l'accueil des enfants et les services aux personnes âgées, l'accueil des handicapés, les espaces réservés aux associations.

• Le Parthenay échange services (PES) calqué sur le SEL (Système d'échange local) permet l'échange entre personnes afin de créer du pouvoir d'achat sans introduction de monnaie. Les échanges s'effectuent au moyen d'une unité de valeur définie localement (exemple : une heure de taille de haie équivaut à une heure d'enseignement de l'informatique).

• Un service de petites annonces offre des rubriques sur l'emploi (mise en ligne des CV), l'immobilier et l'automobile.

• Tous les lycées et collèges seront présents sur Intranet à la fin de l'année 1997 : journal électronique, échanges d'informations entre établissements, activités extra-scolaires, jobs et stages, informations sur la formation et l'emploi avec l'ANPE et les centres d'informations et d'orientation.

• Un espace est réservé aux banques et assurances qui présentent leurs produits et leur activité. En outre les 200 entreprises de plus de 10 salariés vont bientôt disposer de quelques pages d'informations. La structure Net. com est une associations d'entreprises locales permettant aux entreprises de bénéficier de conseils de développement d'un site sur l'internet intégrant la création de catalogues électroniques de produits. Une rubrique donne toutes les informations relatives aux aides aux entreprises.

• Un descriptif des hôtels et restaurants de la région avec photo et actualisation des services proposés permet de promouvoir le commerce lié au tourisme. La rubrique tourisme présente le patrimoine de Parthenay et permet de louer un gîte rural.

• Les trois journaux locaux et la radio locale sont partiellement en ligne.

• Les manifestations culturelles sont en ligne (horaires, dates) ainsi que toutes les associations culturelles ou sportives.

Pour mener à bien sa politique d'Intranet / internet gratuit pour tous, la municipalité de Parthenay est devenue fournisseur d'accès à l'internet et ouvre des espaces numérisés. Toutefois elle recherche des solutions pour équiper sa population en terminaux d'accès.

Ainsi, la municipalité développe deux hypothèses de travail :
– la première est l'achat par la mairie d'un volume important de micro-ordinateurs multimédias et communiquants mis à disposition de la population contre le paiement d'un loyer mensuel de l'ordre de 200 F par mois ;
– l'autre solution privilégie les connexions internet à partir du poste de télévision (Télé-CD-I de Philips ou NetBox de la société française NetGem.

Ce dernier point démontre à quel point le développement de contenus attractifs (informations plus services pratiques) conditionnent le développement des équipements des familles ou des entreprises.

Aider les entreprises

Aider la création de PME dans le multimédia

Le tissu français des PME innovantes dans le domaine des hautes technologies relatives à l'internet est très faible en France à la différence du dynamisme des start-up américaines. La France semble avoir peu d'attractivité pour toutes les petites sociétés innovantes qui se créent dans le domaine des nouvelles technologies et qui, très vite, trouvent plus intéressant d'aller s'installer ailleurs, souvent aux États-Unis, pour des raisons essentiellement de marché, d'apports de capitaux et de niveaux de charges et d'imposition plus faibles que chez nous.

Ces entreprises sont créatrices d'emploi, sur des secteurs nouveaux, prometteurs [1], dans lesquels il est important d'acquérir ou de conserver une forte compétence en France. À l'heure où la lutte contre le chômage, et particulièrement celui des jeunes, est la priorité des priorités, retenir ces entreprises est un enjeu national.

41a. L'État devra proposer des allégements fiscaux aux créateurs d'entreprises multimédias.

Il pourrait les convaincre de créer leur entreprise dans l'une des 44 zones franches qui existent en France afin de les faire bénéficier des conditions de franchise fiscale. Cela passera notamment par une information détaillée à ces entreprises leur montrant qu'elles pourront trouver dans le bassin local de demandeurs d'emplois les compétences informatiques nécessaires.

41b. Promouvoir l'existence des 44 zones franches pour les nouvelles entreprises multimédias ; inciter ces entreprises à s'y implanter en leur proposant par exemple des accès privilégiés à des infrastructures [2] de communication à haut débit ou bien un bonus fiscal supplémentaire.

Ces nouvelles entreprises sont souvent de petites PME, nécessitant de la part de leurs créateurs un investissement personnel important

(1) Jean Haguet, auteur de *L'internet. Guide stratégique et pratique pour l'entreprise* (Éd. Masson, 1996), affirme qu'en l'an 2000, le marché du multimédia pèsera 210 milliards de francs en Europe.
(2) Cette proposition s'apparente à la création de zones d'activités cablées que propose le ministère des Petites et Moyennes Entreprises.

et pour lesquelles les formalités administratives sont lourdement ressenties. Pour elles (comme pour les autres), le plan PME élaboré en novembre 1995 au ministère des Petites et Moyennes Entreprises est tout à fait nécessaire.

42. Mettre à la disposition des entreprises du multimédia des outils simplifiant nettement leurs procédures administratives. *Par exemple, créer, à l'instar du chèque « emploi-services », un chèque « emploi-PME » leur permettant aussi simplement la rémunération de leurs quelques employés.*

Ces entreprises ont aujourd'hui du mal à trouver chez nous les capitaux nécessaires à leur croissance. Beaucoup d'entre elles mériteraient d'être aidées mais l'effervescence du secteur du multimédia prive les investisseurs français de références, du fruit de l'expérience et par conséquent de discernement sur ces nouvelles technologies. Cela renforce l'excès de prudence de notre système bancaire face au risque économique et nous affaiblit dans l'identification des projets et des porteurs d'idées et dans l'estimation des projets.

43. Les investisseurs institutionnels, banques et places financières, devraient s'étoffer de spécialistes sachant évaluer la qualité des projets. L'ANVAR, qui possède déjà une certaine expertise dans le domaine, pourrait apporter d'utiles aides et conseils.

Le capital-risque est présent en France mais trop souvent sous la forme de prêts bancaires « déguisés ». En ce sens, les initiatives [1] prises par le Gouvernement visant à développer en France des structures de capital-risque spécialisées en technologies de l'information sont à encourager.

Quant à l'épargne populaire, elle n'arrivera qu'avec la confiance des Français dans les capacités de leurs entreprises, même jeunes. Contrairement aux États-Unis qui ont fait de leur Silicon Valley un véritable orgueil national, la France reste très discrète sur ses compétences dans ces nouvelles technologies. Et c'est dommage car des compétences, elle en a. Certes le marché national est comparativement plus faible, mais d'un point de vue technique, du point de vue de la recherche, nous sommes bien placés, notamment grâce à l'INRIA. La technologie ATM, mise au point par le CNET, est ainsi un bon exemple.

À l'heure où les marchés n'existent pas encore, il reste important d'expérimenter les technologies, les services, les organisations. L'appel à propositions pour les expérimentations relatives aux autoroutes de l'information avait ce but. Même si l'on peut regretter que l'État ait jusqu'à maintenant tardé à verser les subventions aux expérimentations qu'il avait sélectionnées, il ressort que celles-ci ont d'ores et déjà donné naissance à de nombreuses

(1) Un fonds de capital-risque issu de l'INRIA devrait voir le jour prochainement : il sera dédié aux technologies de l'information dans les domaines de compétence de l'Institut.

entreprises et services innovants qu'il serait dommage de voir disparaître ou partir à l'étranger pour les raisons exposées précédemment. Il faut accompagner ces sociétés et notamment celles qui n'ont pas les moyens propres d'attendre que leur marché soit suffisant.

44a. Renforcer le suivi des différents projets financés dans le cadre de l'appel à propositions relatives aux autoroutes de l'information lancé en 1994 et doté de 500 MF sur 3 ans.

44b. Aider ceux qui se révèlent les plus prometteurs par des moyens nouveaux pour assurer leur développement.

44c. Lancer de nouvelles expérimentations en 1997 et au-delà pour continuer de développer le tissu français d'entreprises innovantes du multimédia.

Il est également nécessaire de *favoriser le travail des fournisseurs d'accès à l'internet* ; ils doivent pouvoir disposer d'un backbone [1] français bien dimensionné et efficacement connecté au backbone européen.

L'internet regroupe un ensemble de fournisseurs qui acceptent de s'échanger des paquets de données IP (internet Protocol) dans le cadre de contrats commerciaux parfois très complexes (les accords de peering). Il peut arriver que deux fournisseurs ne soient pas directement ou mal reliés. C'est à cause de ce genre de situation que des communications entre deux sites français peuvent passer par l'Angleterre ou les États-Unis. Outre l'inefficacité de ce dispositif, on observe un gaspillage de la bande passante des liaisons transmanche et transatlantique.

Le GIX Renater est la principale solution actuelle mais il semble sous-dimensionné : c'est une plate-forme où l'ensemble des fournisseurs français sont connectés physiquement. Libre à eux ensuite de développer des accords de peering.

Ce genre de plate-forme devrait être développé dans toutes les grandes villes de France.

Aider les entreprises à développer l'usage de l'internet

Les entreprises ont intérêt à se mobiliser rapidement pour tirer profit de l'internet. Leur problématique est cependant différente selon leur taille ; les grandes entreprises, notamment pour des raisons de sécurité, n'utilisent souvent l'internet que dans la seule optique d'une vitrine. Ces entreprises sont en revanche favorables à un développement de l'Intranet synonyme de diminution des coûts. Les PME trouveront, quant à elles, à travers l'eMail, un moyen d'échange qui correspond bien à leurs besoins de relations externes.

(1) Artère à haut-débit.

La formation des salariés à l'internet dans le cadre des entreprises est un facteur clé de leur appropriation de l'outil. Le redéploiement d'une partie des 120 milliards de francs des fonds consacrés à la formation professionnelle est une urgence. Ainsi les entreprises installant des bornes d'accès à l'internet dans leur locaux ou bien utilisant le réseau pour faire de la téléformation à leurs employés sans qu'ils aient besoin de quitter leur lieu de travail, devront pouvoir utiliser les fonds consacrés à la formation professionnelle.

45. Redéployer une partie des fonds de la formation professionnelle pour couvrir les formations à l'internet, les équipements démonstratifs sur l'internet ainsi que les téléformations via l'internet.

Dans ce contexte, des mesures doivent pouvoir être définies pour orienter les entreprises. Il est souhaitable d'inclure et/ou de privilégier les aspects multimédias dans le cadre de toutes les aides attribuées aux entreprises afin d'accompagner leur évolution dans le monde du commerce électronique.

46. Élargir les conditions d'attribution du fonds régional d'aide au conseil pour les PME, ou FRAC, afin d'inclure les prestations d'assistance au commerce électronique et à la communication électronique.

Dans le même esprit, la proposition 39 qui permettra aux entreprises d'envoyer par l'internet leurs déclarations fiscales, douanières, sociales dès le 01/01/1999, aura un effet incitatif très fort sur les entreprises.

Poursuivre la libéralisation de la cryptologie

Le secteur de la cryptologie et de la sécurité informatique doivent être clarifiés si l'on veut que se développent en France les transactions sécurisées et le commerce électronique, tous deux indispensables à la compétitivité de nos entreprises sur ces nouveaux réseaux.

Parallèlement aux mesures exposées ci-après, il sera important de redonner confiance aux acteurs économiques et industriels en médiatisant les simplifications et clarifications qui seront apportées au cadre réglementaire de ces secteurs.

Nul ne conteste l'importance de concilier le développement du commerce électronique et les impératifs liés à la sécurité publique et aux intérêts nationaux. Cela dit, aujourd'hui, un pas doit être clairement franchi pour permettre le développement du commerce électronique tout en restant conscient des enjeux de sécurité.

La loi française, rappelons-le, ne soumet à un régime déclaratif que les produits qui n'assurent pas de fonctions de confidentialité.

Les décrets d'application relatifs à l'article 17 de la loi sur la réglementation des télécommunications du 26 juillet 1996 n'étant pas encore publiés, il serait opportun d'en profiter pour y inclure les mesures suivantes.

Les produits de cryptologie dits « faibles » [1] largement répandus, comme ceux utilisés dans Netscape Navigator ou Microsoft Explorer pour assurer une confidentialité des échanges, devraient faire l'objet du simple régime de déclaration par le fournisseur et non d'autorisation, celui-ci imposant des délais incompatibles avec la fréquence de sortie des produits concernés. Ces produits font d'ailleurs, dès aujourd'hui, l'objet d'autorisations fréquentes.

47. Libéraliser les algorithmes largement utilisés, du niveau du RC4 -40 bits.

Cette mesure ne doit pas pour autant affaiblir le niveau de protection de notre territoire, en empêchant notamment à la police de s'intéresser au contenu de messages échangés par des organisations dont les intérêts ne rencontrent pas forcément ceux de l'État. Il est donc important que les services de police aient accès aux moyens nécessaires à l'interception et au décryptement des messages échangés.

48. Constituer une force de décryptement interministérielle, juxtaposée au centre de déchiffrement, à créer suite à la loi de réglementation des télécommunications instituant la procédure des tiers de confiance. Cette force devra pouvoir agir en qualité d'expert auprès des tribunaux.

Cette structure, pour des raisons d'efficacité, pourrait être associée au GIC (Groupement interministériel de contrôle) mais travaillerait, pour des raisons d'économie, sur des produits d'interception ou de perquisition d'origine judiciaire et administrative.

Pour les algorithmes assurant une protection supérieure mais déjà disponibles dans le grand public, la position adoptée par les pouvoirs publics doit être claire et viser à ne pas décourager nos échanges avec l'étranger. Et force est de constater qu'aujourd'hui nos entreprises travaillent de plus en plus avec des partenaires étrangers qui réclament d'utiliser des produits de confidentialité en vigueur dans leurs pays. C'est le cas pour l'essentiel de l'algorithme DES et de PGP dont il est nécessaire de clarifier les régimes.

49. Autoriser dans certains cas le DES 56 bits dès lors que le fournisseur qui l'incorpore dans un de ses produits s'engage à fournir sous 2 ans (avec un ou plusieurs rendez-vous intermédiaires) une solution de séquestre ou de

(1) Du niveau du RC4 -40 bits.

récupération de clés (key recovery) et à condition que la solution de key recovery retenue apporte la preuve de non-dégradation de la sécurité de l'échange.

Le Key Recovery ou le séquestre permet aux pouvoirs publics de déchiffrer les messages sans être dépositaire des clés utilisées pour leur chiffrement. La dernière condition portant sur la non-dégradation de la sécurité est importante pour protéger les entreprises contre des écoutes abusives opérées par des tiers.

Cette proposition concernant le DES est équivalente à la position américaine actuelle. Une telle dérogation devra rester exceptionnelle car il convient de ne pas contrarier le développement de solutions cryptologiques nationales ou européennes.

En ce qui concerne PGP pour lequel il n'existe pas actuellement de solution de séquestre, la mesure proposée est une mesure d'auto-protection.

50. Pour les entreprises françaises devant utiliser PGP dans le cadre de leurs relations internationales (réponses à un appel d'offre, etc.), autoriser l'utilisation temporaire de PGP en l'informant sur les dangers que recouvrent cette utilisation, sur le caractère exceptionnel que devrait avoir l'utilisation de ce type de procédé de chiffrement ainsi que sur l'importance de maîtriser l'identité de leurs utilisateurs au sein de l'entreprise.

Car l'État doit conseiller les entreprises et les informer non seulement sur les dangers relevant de l'utilisation de tel ou tel procédé de chiffrement mais aussi sur l'importance de la confidentialité. Par exemple, il serait aujourd'hui souhaitable que les grands groupes français multinationaux utilisent entre leurs implantations des procédés de chiffrement forts. Il y va de la sécurité de leurs transactions et échanges.

51. L'État doit aider les entreprises à se protéger en leur conseillant des moyens de chiffrement forts leur assurant une parfaite confidentialité de leurs échanges tout en permettant l'application de la loi française.

La cryptologie se banalise dans les produits américains grand public et devient une nécessité dans les échanges commerciaux. L'État devrait donc retracer le cadre de son action en cryptologie, en fixant les règles à respecter et en aidant au développement d'une vraie industrie concurrentielle. Des marchés commencent à apparaître, comme celui des messageries sécurisées ou des cartes à microprocesseur, et les entreprises françaises se doivent de disposer d'un environnement clair et propice afin d'y être présentes.

52. Développer le partenariat entre le SCSSI et le ministère de l'Industrie pour étoffer l'industrie française des produits de cryptologie.

Enfin, la France ne devra pas perdre de vue les préconisations récentes de l'OCDE, notamment les recommandations pour harmoniser les méthodes cryptographiques utilisées par les pays membres, dans le but d'une plus grande interopérabilité et mobilité au plan mondial.

Sécurité informatique

En matière de sécurité informatique également, l'État doit aider les entreprises à se protéger en les orientant vers des produits de confiance. L'interconnexion des réseaux locaux d'entreprise par des réseaux publics de type IP, en simplifiant les échanges et les transferts, multiplie les risques d'intrusion, en raison soit d'une administration insuffisante, soit de failles dans les logiciels utilisés. Il faut que les entreprises françaises disposent de produits fiables performants, en particulier de mécanismes de type « pare-feu » pour protéger les réseaux privés mais aussi de dispositifs de contrôle d'accès et de logiciels de gestion et d'exploitation (messagerie, protocoles de paiement, de signature, voire éditeurs de texte) qui ne comportent pas de failles, souvent répertoriées sur l'internet, et exploitables par des pirates. Le schéma d'évaluation et certification mis en place par l'avis du Premier ministre du 1er septembre 1995 permet de garantir des niveaux de sécurité aux produits qui sont évalués par des laboratoires agréés selon les critères européens.

53. Favoriser le développement de configurations génériques de sécurité afin de proposer aux entreprises une gamme de produits adaptés à leurs besoins et leur apportant l'assurance du niveau de sécurité réellement atteint.

Les enjeux de la sécurité des systèmes d'information, en cryptologie comme en sécurité informatique, sont essentiels, pour des raisons économiques et stratégiques, et constituent un volet de la « guerre de l'information » et de la « guerre économique ». Or ces enjeux sont aujourd'hui sous-estimés.

54. Développer ou regagner une compétence nationale en sécurité des systèmes d'information, en donnant aux acteurs institutionnels les moyens suffisants :
– en renforçant les capacités d'évaluation et de conseil en cryptologie et en sécurité informatique du SCSSI ;
– en créant un centre interministériel de déchiffrement et de décryptement légal auprès du GIC voire en confiant à la DGSE une mission interministérielle de décryptement.

Un tel renforcement de moyens pourrait être conditionné par une diminution des délais pris par les différents organismes pour juger les dossiers qui leur sont soumis. En effet les délais de quatre mois environ qui ont cours actuellement sont incompatibles avec la rapidité d'obsolescence des produits logiciels et matériels fabriqués.

Assurance et fraude informatique

L'internet s'inscrit dans l'évolution de l'informatique des entreprises : après la décentralisation des traitements apportée par la bureautique, à son tour l'information se décentralise et sa vulnérabilité augmente. Même si des solutions sont apportées visant à réduire les risques liés à l'interconnexion physique des réseaux, il est de plus en plus nécessaire d'apporter des améliorations dans la maîtrise des risques informatiques des entreprises. En effet, les sociétés qui envisagent d'utiliser l'internet pour leurs besoins d'échanges et de communications reculent bien souvent devant ce qu'elles appellent « les dangers de l'internet » sans pouvoir les inscrire dans leur démarche de management des risques ; de fait, le panel des risques à prendre en compte est vaste, diversifié et difficile à appréhender car lié à une technologie extrêmement évolutive et un contexte juridique en mutation [1].

Des risques classiques fondés sur des matériels chers, et bien couverts par les assureurs, on passe de plus en plus à des risques de dommages immatériels, soit directs par l'atteinte aux données et aux traitements informatisés de l'entreprise, soit indirects par les pertes de chiffre d'affaires qui peuvent en découler, et pour lesquels les produits d'assurance offerts par les compagnies sont généralement inadaptés au cas spécifique de l'utilisation de l'internet.

En effet, ce qui est désormais en jeu n'est ni un bien matériel, ni des valeurs financières, ni une ressource humaine, mais de l'information ou des données, donc un bien impalpable car véhiculé par petits paquets sur différents réseaux, mais capable d'avoir une grande valeur et dont la maîtrise est la clé de la réussite.

55. Il est par conséquent nécessaire :
– d'établir la liste des risques et les conséquences pour l'entreprise ;
– de réfléchir à la valorisation de l'information au sein de l'entreprise pour une adéquation des moyens de protection ; cela devra passer par la reconnaissance de l'information en tant que bien de l'entreprise ;
– de réfléchir à la création de produits d'assurance adaptés.

Pour tout cela, un groupe de travail pourra être créé et composé de membres de :
- *la FFSA, Fédération française des sociétés d'assurances ;*
- *le GEMA, Groupement des entreprises mutuelles d'assurance ;*
- *l'AMRAE, Association pour le management des risques et des assurances de l'entreprise ;*

(1) En matière de responsabilité civile, instrument organisant la réparation d'un dommage causé à autrui par celui qui en est l'auteur, ce sont les interprétations jurisprudentielles des textes qui jouent un rôle prédominant : avec l'internet, il est encore un peu prématuré pour voir quels pourront être tous les dommages causés aux utilisateurs.

• l'APSAD, Assemblée plénière des sociétés d'assurance dommages ;
• la sous-direction des Assurances à la direction du Trésor ;
• le CLUSIF, Club de la sécurité informatique ;
• le CIGREF, Club informatique des grandes entreprises françaises ;
• des représentants d'entreprises (PME, etc.).

56. Pour ce qui concerne la sécurité, il est en outre nécessaire :
– d'établir une clarification, une typologie et proposer une normalisation internationale des attaques sur l'information ;
– de réfléchir au moyen de collecter et de recenser les sinistres informatiques ;
– d'informer sur les dispositifs existants de prévention et de protection.

Pour tout cela, un groupe de travail pourra être créé et composé de membres de :
• le SEFTI, Service d'enquêtes sur les fraudes aux technologies de l'information ;
• le SCSSI, Service central de la sécurité des systèmes d'information ;
• l'IHESI, Institut des hautes études de la sécurité intérieure ;
• le CLUSIF, Club de la sécurité informatique ;
• le CIGREF, Club informatique des grandes entreprises françaises ;
• des représentants d'entreprises (PME, etc.).

Les gestionnaires de risques des grandes entreprises (risk managers) ont en général une culture de sécurité informatique bien adaptée à l'informatique traditionnelle mais sont beaucoup moins bien armés pour aborder les risques liés aux systèmes d'information et à la généralisation des technologies de l'information. Ils reçoivent beaucoup d'informations diverses voire contradictoires, très souvent de nature juridique, ce qui les conforte dans l'impression que l'internet est un domaine à fort risque de contentieux. Aussi, tant que la jurisprudence ne sera pas établie, seule une information objective sur la réalité des risques permettra de vaincre leurs craintes légitimes.

Le problème est le même du coté des PME-PMI, qui sont sans doute encore moins bien armées pour faire face efficacement à ces nouveaux dangers.

57. Les réflexions des deux groupes de travail précédents devront déboucher sur l'envoi à destination des compagnies d'assurance, des gestionnaires de risques et des PME-PMI, d'une information claire et fiable sur l'utilisation de l'internet, les risques réels encourus et les moyens mis à leur disposition pour se protéger.

Enfin, il est nécessaire d'inscrire ce travail dans une perspective européenne, la fraude informatique ne connaissant pas de frontières.

58. Inscrire la fraude informatique dans le troisième pilier européen afin de permettre au minimum une collaboration intergouvernementale sur ces problèmes, ainsi qu'une coopération judiciaire et policière.

Cette proposition est destinée à simplifier la lutte contre la fraude informatique puisqu'il n'y a, aujourd'hui, ni harmonisation, ni coordination entre les législations des États sur cette question.

Nommage

La question du nommage des sites est importante et sa complexité va s'accroître avec la création de sept nouveaux domaines de premier niveau (top-level domain) ; devant l'encombrement que connaît aujourd'hui le « .com » et que pourrait connaître le « .fr », il apparaît nécessaire d'encourager les initiatives du NIC France, chargé de l'attribution des noms de domaine : (http : //www.nic.fr/Procedures/nommage.html). Un groupe de travail s'est également mis en place au sein du Commissariat général au Plan pour le nommage des sites publics.

59. Encourager les logiques de nommage intuitif des noms de serveurs et domaines.

Par exemple, une personne s'installant à Lamotte-Beuvron devra pouvoir, dans un avenir proche, s'inscrire sur les listes électorales de sa commune en allant sur le site : http : //www.mairie-lamotte-beuvron.fr plutôt que sur www.ville-lam-beuv.fr ou encore www.mair-lamotte.fr.

De telles adresses permettront des recherches d'autant plus efficaces que se mettront en place parallèlement des *annuaires appropriés* (annuaires des sites publics, pages jaunes, etc.).

Beaucoup de sites français aujourd'hui sont déclarés aux États-Unis sous la terminaison « .com », ce qui prive le « .fr » de nombreux sites d'excellente qualité.

60. L'utilisation du « .fr » doit être encouragée. Il serait utile par exemple d'aligner le prix et les délais d'attribution pour la déclaration sous « .fr » sur ceux correspondant au « .com ». Le prix payé par l'utilisateur final, en France, comprend non seulement le coût de l'enregistrement au NIC France mais aussi un surcoût d'intermédiation prélevé par les fournisseurs de service français.

Les impacts économiques du nommage sont forts. Une réflexion devra être engagée pour satisfaire les entreprises souhaitant disposer d'un nommage attractif pour des raisons commerciales, particulièrement s'il s'agit d'entreprises ou d'organismes tournés vers l'international [1].

(1) Par exemple, TVFI, association destinée à promouvoir les productions audiovisuelles françaises à l'exportation, n'a pas hésité entre www.tvfi.com et ce que proposait la France : www.tvfi.asso.fr, le terme « asso » ne voulant pas dire grand chose à un public étranger.

Sur ce thème néanmoins, la position française, qui s'appuie sur le droit des marques, devra être soutenue au niveau international.

Enfin la compétence de l'INRIA en administration de domaines publics pourrait être utilement mise à profit pour accompagner les structures comparables naissantes, en Afrique notamment.

L'internet et le télétravail

Le télétravail devrait, dans les prochaines années, représenter un véritable usage professionnel de l'internet.

Rappelons tout d'abord quelques-uns de ses nombreux avantages qui justifient son développement.

• Le télétravail est un instrument d'aménagement du territoire, non seulement quantitativement, mais aussi qualitativement (alors que les activités « de matière grise » ont tendance à se concentrer dans les grandes agglomérations).

• Le télétravail réduit voire supprime (dans le cas du travail à domicile) les trajets domicile-travail : c'est un facteur de réduction des encombrements et de la pollution.

• Sachant que l'amplitude de la journée de travail, trajets compris, a tendance à s'accroître dans les grandes agglomérations (alors même que la durée du travail a diminué), le télétravail est de nature à favoriser une vie familiale plus équilibrée.

Aussi est-il important aujourd'hui de permettre le développement du télétravail sur des bases juridiques saines, au plus près des réalités professionnelles et de faciliter le recours à cette forme d'organisation du travail.

Les recoupements du télétravail avec d'autres formes d'organisation du travail font du télétravail une sorte de puzzle juridique, comme le notait déjà Thierry BRETON dans son rapport sur le télétravail en France : travail à distance, externalisation, travail en réseau, travail à domicile (voir en annexe 3 les distinctions nécessaires).

Le télétravail se trouve ainsi soumis à différentes problématiques qui sont en partie contradictoires : ainsi notamment entre l'externalisation, qui recourt à des relations de type commercial, et le régime du travail à domicile, qui privilégie le salariat.

Des deux modalités de localisation du télétravail, travail à domicile ou travail sur site extérieur, c'est incontestablement la première qui pose le plus de problèmes au plan social. La réglementation relative au travail à domicile, qui figure au chapitre 1er du titre II (industries de transformation) du livre VII du Code du travail, est ancienne et fondée sur les particularités d'organisation dans certaines industries « traditionnelles ». Elle ignore les effets négatifs qui peuvent résulter de l'isolement du travailleur à domicile, dans ses différentes dimensions : relations humaines, relations professionnelles, relations avec les instances de représentation du personnel. En matière de protection sociale, la situation des travailleurs à domicile apparaît assez floue sur certains points importants en ce qui concerne notamment les régimes accidents du travail, maladies professionnelles et maladie-maternité. L'actualisation en tout état de cause nécessaire du régime du travail à domicile permettra de prendre en compte le télétravail à domicile.

61. Expertise, sous l'égide du ministère du Travail et des Affaires sociales, en liaison avec les partenaires sociaux, de la réglementation relative au travail à domicile et de son application, en vue d'une actualisation de cette réglementation, prenant en compte le télétravail à domicile. Cette expertise devrait notamment identifier les caractéristiques du travail à domicile pouvant justifier le maintien de règles différentes de celles constitutives du salariat « de droit commun ».

Le télétravail, d'une manière générale, répond à des besoins très divers et se prête à des modes d'organisation très variés, en évolution rapide. Cette situation justifie de laisser s'épanouir « les cent fleurs » de la négociation collective sur ce thème. La sensibilisation des partenaires sociaux sur cet aspect des nouvelles technologies de l'information et de la communication sera déjà en elle-même une bonne chose.

Un encadrement conventionnel, donc en principe adapté à la diversité des situations, devrait permettre d'éviter certaines dérives, comme notamment l'habillage en travailleurs « indépendants », qu'on rencontre dans d'autres activités, et qui ne pourraient que nuire au développement du télétravail.

62. Inviter les partenaires sociaux à négocier à tous les niveaux, interprofessionnel, branches, entreprises, pour donner un cadre au plus près des réalités professionnelles à l'exercice du télétravail salarié et ménager les garanties sociales nécessaires à son développement.

L'actualisation de la réglementation nécessitant vraisemblablement un délai assez long, une mesure législative qui, elle, peut intervenir rapidement, permettra aux accords conclus d'entrer en vigueur sans attendre. Cette proposition est donc complémentaire des deux précédentes.

63. Au moins durant la période transitoire précédant l'actualisation du régime légal applicable au travail à domicile, autoriser les conventions ou accords collectifs comportant des dispositions relatives au télétravail, lorsqu'il est accompli à domicile, à déroger aux dispositions du Code du travail relatives au travail à domicile.

En matière fiscale, trois mesures doivent être prises pour créer l'effet incitatif voulu.

64.
- ***Pour un employé qui passe au télétravail, exonérer l'entreprise des charges sociales le concernant pendant un an.***
- ***Défiscaliser sur un an les investissements liés à l'acquisition du matériel nécessaire : ordinateur à domicile, ligne RNIS, serveur d'entreprise.***
- ***Accorder une subvention liée au passage d'employés au télétravail, assortie d'une condition de remboursement sur 5 ans : si l'entreprise réalise des embauches dans l'année, la subvention lui est acquise. Sinon, elle doit la rembourser en totalité sur 5 ans.***

La mesure « c » se justifie par le coût en management (suivi, animation à distance, réunions à programmer) que représente le passage au télétravail et pour lequel il faut aider l'entreprise.

Enfin rappelons l'importance de libérer l'usage de la cryptologie : dans le cas du télétravail, il est en effet nécessaire de garantir la confidentialité des connexions d'utilisateurs distants à l'Intranet de leur entreprise.

Développer l'équipement et les offres de connexion

Mesures fiscales pour l'équipement

En donnant une priorité à l'équipement des écoles et des entreprises, l'État créera une dynamique auprès des jeunes et des salariés qui deviendront rapidement des prescripteurs de l'internet dans leur famille.

La mise en œuvre de la volonté récemment exprimée par le Président de la République d'équiper les établissements scolaires est une des conditions essentielles du développement de la demande. Par ailleurs, l'équipement des entreprises ne peut plus guère être accéléré par une nouvelle politique d'amortissement. Celle-ci est passée récemment de 3 à 2 ans, et correspond bien au rythme effectif d'obsolescence des matériels informatiques.

Dans ces conditions, l'équipement des établissements scolaires, mais aussi celui des entreprises, pourrait être grandement facilité par une mesure de type suivant :

65. Déduction sur le bénéfice imposable des sociétés de 20 à 25 % du coût d'achat du matériel informatique âgé de moins de quatre ans et remis à un établissement d'enseignement en bon état de fonctionnement.

Concernant le grand public, la baisse du coût des micro-ordinateurs et l'arrivée des Network Computers sur le marché français devraient avoir un impact positif sur la consommation. Ceci n'est pas suffisant. Des mesures incitatives immédiates doivent être prises par l'État.

À l'heure actuelle, le coût d'un équipement (PC familial avec modem) est de l'ordre de 10 000 F TTC. L'expérience des consoles de jeux, télévisions, magnétoscopes situe le seuil de coût pour un équipement grand public entre 3 000 et 4 000 F. Une réduction du taux de TVA sur les équipements serait ainsi assez peu efficace.

66. Accorder une réduction d'impôt sur le revenu égale à 20 ou 25 % du coût d'achat d'un équipement informatique communicant (PC familial avec modem, modem seul, etc.) dans la limite de 10 000 F.

Cette mesure serait limitée à deux ans pour trois raisons : limiter la dépense fiscale, renforcer l'effet d'incitation et anticiper la baisse des coûts.

Les ménages les plus modestes, qui ne sont pas soumis à l'impôt sur le revenu, ne doivent pas être exclus de cette aide à l'équipement. Une mesure spécifique devrait donc être prise en leur faveur.

67. Création d'un prêt à taux zéro pour les ménages non imposables permettant l'acquisition de matériel informatique communicant.

Le coût de raccordement pour les entreprises

Pour le développement de l'internet auprès des entreprises plus encore qu'auprès des particuliers, il est nécessaire de disposer rapidement en France d'offres de débits élevés à des coûts faibles. Car les coûts supportés par les entreprises sont très élevés, pour leurs liaisons louées notamment (encore appelées liaisons spécialisées, ou LS). L'INA, par exemple, paie 109 KF HT par an pour une liaison à 2Mbps [1] entre Bry-sur-Marne et Vincennes, soit sur 7 km. Ce problème est encore plus important pour les fournisseurs d'accès dont le principal coût d'infrastructure est justement celui des liaisons spécialisées.

Il est aujourd'hui nécessaire de voir rapidement baisser de manière significative le prix des liaisons spécialisées.

Il est donc temps de permettre une ouverture franche à la concurrence dans le secteur des télécommunications ; car non seulement la concurrence conduit toujours à une baisse des prix mais de surcroît,

(1) Mégabits par seconde.

dans les télécommunications, ce sont les nouveaux entrants sur le marché qui proposent les plus gros débits à prix égal, et rarement l'opérateur historique. En effet, ils mettent en place des artères à hauts-débits en prévision de leurs besoins futurs.

68. Étendre la libéralisation des infrastructures de communication.
Favoriser l'exploitation des structures physiques existantes (RATP, SNCF, EDF, réseau autoroutier) afin de mettre en place des lignes à hauts-débits (ATM par exemple). En contrepartie, demander aux opérateurs, notamment s'ils sont publics, d'ouvrir nettement leurs infrastructures à la concurrence. Cette proposition vise à créer en France des infrastructures alternatives de télécommunication, nécessaires pour la régulation du marché des prix par la concurrence.

Le coût pour les ménages

Il est nécessaire de différencier, parmi les coûts liés à l'utilisation de l'internet, l'abonnement et le coût d'accès.

L'abonnement à un fournisseur d'accès est mensuel et les tarifs pratiqués en France figurent parmi les plus bas en Europe, que ce soit pour un accès par le réseau téléphonique commuté, par RNIS ou par le câble.

Il n'en va pas de même du *coût d'accès* : pour la connexion téléphonique, qui est le moyen le plus largement répandu pour le grand public, le prix actuel des communications locales rend chère l'utilisation de l'internet, à Paris comme en province.

Pour le développement de l'internet en France, il est nécessaire et urgent d'abaisser ces coûts d'accès. La hausse du prix des communications locales, la disparition du tarif bleu-nuit sont autant de freins supplémentaires mis à l'utilisation de l'internet.

De plus, en l'absence de tarification forfaitaire [1] comme aux États-Unis (cf. annexe C-4), le coût d'utilisation pour un Français est encore alourdi par les déconnexions intempestives, les tentatives avortées de connexion au réseau, les ruptures dues au signal d'appel, etc.

69a. La tarification forfaitaire mérite d'être expérimentée très vite.
L'existence d'une boucle locale forfaitaire sera de nature à développer l'adhésion du grand public à l'internet, comme cela a été le cas aux États-Unis et au Canada où les opérateurs de télécommunications proposent une tarification forfaitaire pour les communications locales. Il faut encoura-

(1) Dans le cas d'un abonnement totalement forfaitaire, le coût mensuel du raccordement à l'internet est indépendant de la fréquence d'utilisation.

ger d'une manière générale toutes les offres de raccordement (téléphonique et autres) à prix forfaitaire.

69b. On pourra également encourager les foyers à s'équiper d'une deuxième ligne téléphonique dédiée aux échanges informatiques.

En effet, dans la pratique, il est problématique de se servir pour l'internet de sa ligne téléphonique traditionnelle, vu l'utilisation qui en est déjà faite. *La seconde ligne, dite « ligne digitale »* apporterait un confort appréciable et *permettrait à l'opérateur de leur réserver une nouvelle tarification, forfaitaire, sans changer son système de tarification actuel.* Cette promotion pourrait être couplée avec celle du RNIS [1], qui, pour des questions de débits notamment (voir paragraphe plus bas), semble très adapté pour les besoins numériques de cette nouvelle ligne.

Enfin, abonnements comme coûts d'accès devraient faire l'objet d'une taxation réduite au titre de la TVA : de cette manière l'État montrerait clairement sa volonté de faire de l'internet un produit de grande consommation.

69c. La TVA sur l'accès à l'internet devra être ramenée au niveau du taux réduit, c'est-à-dire 5,5 %.

L'accès au câble et ses émissions télévisées fait déjà l'objet de ce taux.

Encourager les hauts-débits

En dehors du courrier électronique qui requiert des débits tout à fait raisonnables, les applications sur l'internet, comme le Web par exemple, sont gourmandes en ressources réseau ; l'internet transporte en effet des images, des sons, des vidéos qui nécessitent bien plus que les maigres débits disponibles via le téléphone commuté classique ; celui-ci provoque par conséquent des attentes qui sont source de déception. Il est nécessaire d'encourager les solutions technologiques qui permettront aux Français de découvrir l'internet dans de bonnes conditions et d'expérimenter un accès rapide à l'information.

70. Promouvoir les accès hauts-débits : câble, RNIS, hertzien, satellite.

Câble

Les réseaux câblés permettent des connexions rapides à l'internet. Tarifées de manière forfaitaire, celles-ci peuvent être par conséquent *permanentes*, réduisant ainsi à zéro le temps d'initialisation de la connexion et offrant la possibilité d'héberger son site Web à domicile.

(1) Le nom commercial du RNIS chez France Telecom est « Numeris ».

Depuis juin 1995, 200 abonnés du réseau de Paris TV câble dans le VIIe arrondissement de Paris bénéficient d'une offre d'accès à l'internet. Cette expérimentation est un succès. Aussi, de nouveaux sites de Lyonnaise câble vont proposer l'internet. Il s'agit d'Annecy, Le Mans, Strasbourg. Des sites de la Générale de vidéocommunication (Nice, Issy-les-Moulineaux), de France Telecom câble (Saint-Quentin-en-Yvelines, Metz, Marseille) offrent également à leurs abonnés cet accès.

Cette offre [1] des câblo-opérateurs rencontre manifestement une forte demande du public. De plus, les réseaux câblés français sont à plus de 70 % adaptés à la mise en place de ce type de services interactifs. *Notre pays tient là une avance considérable.*

Toutefois, la généralisation de l'offre d'accès à l'internet sur les sites du Plan câble (75 % des prises commercialisables) détenus par la Générale de vidéocommunication et Lyonnaise câble est difficile à mettre en place et les négociations avec l'opérateur technique de ces réseaux semblent ne pas aboutir.

71. Lever les obstacles à l'utilisation, dans des délais raisonnables et à un juste prix, de la voie de retour des réseaux du plan câble.

RNIS

Le RNIS [2] ou réseau numérique à intégration de services est un réseau plus rapide et mieux adapté pour ce type d'échanges de données que le téléphone, et déjà disponible en tout point du territoire grâce au réseau de France Telecom qui est totalement numérisé. La France est technologiquement en avance pour l'ensemble de son réseau commuté de télécommunications mais les tarifs RNIS proposés jusqu'à présent n'ont pas permis le développement attendu.

72. La France doit jouer la carte du RNIS : cela pourra passer par la communication auprès du grand public et des entreprises que le RNIS est le moyen adapté à leurs connexions à l'internet, par l'aide à l'installation de lignes RNIS chez les particuliers, ou encore par des aides directes aux fournisseurs d'accès dans leurs offres de connexion via le RNIS.

Hertzien

La connexion hertzienne utilise les ondes électromagnétiques pour relier l'équipement terminal présent chez l'utilisateur à l'internet. Ainsi l'ordinateur ou plus généralement le poste de consultation serait,

(1) Le nombre de prises commercialisables (installées) s'élève à 6,6 millions pour un nombre total de raccordés de 2,1 millions ; le nombre de prises à terme, c'est-à-dire le nombre de prises que comprendront les réseaux câblés français une fois leur construction achevée, est évalué à 8,7 millions.
(2) Le débit théorique du RNIS est de 64 kbits/sec.

dans ce cas, relié à l'internet par le biais d'une antenne propre au poste ; un tel système présente beaucoup d'avantages : une connectivité mobile, indépendante de la localisation des prises de téléphone ou de télévision, des débits qui peuvent être très importants [1], même pour la voie de retour.

L'ouverture du spectre hertzien devrait donc permettre la naissance de nouvelles offres de connexion à l'internet.

73. Il est nécessaire d'accélérer le dépouillement de la consultation sur la « boucle locale radio », lancée par le ministère des Télécommunications en 1996, et de financer les projets retenus autour de l'utilisation de la boucle locale radio pour l'accès à l'internet. Certaines bandes de fréquences devront rapidement être attribuées à ces expérimentations.

Dans ce cas, il sera important de laisser aux industriels le soin d'utiliser ou de développer les normes qui leur semblent appropriées, comme par exemple le CDMA.

Satellite

Pour la connexion à l'internet des particuliers situés dans des régions mal desservies par les infrastructures télécoms de hauts-débits, les régions rurales par exemple, l'utilisation du satellite comme alternative à la ligne téléphonique classique pourrait leur permettre des connexions à l'internet avec de bons débits.

74. Expérimenter en milieu rural des solutions de raccordement à l'internet via des satellites de télécommunications couvrant largement l'hexagone. À terme, l'État pourra ainsi garantir la possibilité, en tout point du territoire national, d'obtenir une connexion à l'internet à hauts-débits.

De telles expérimentations devraient être possibles à grande échelle rapidement puisqu'elles ne nécessitent aucune modification des infrastructures lourdes de communication.

Protection des consommateurs

L'un des moyens d'assurer la sécurité de l'utilisation de l'internet est de renforcer la protection de l'utilisateur-consommateur.

Le développement de l'utilisation de l'internet et du commerce électronique ne peut s'opérer harmonieusement qu'avec des consommateurs confiants et informés et des fournisseurs de biens et de services respectueux et informés des règles juridiques en usage. Un juste équilibre doit donc être trouvé entre le développement programmé du commerce électronique et le respect des droits des consommateurs auquel notre pays se montre particulièrement attaché. Le Conseil national de la consomma-

(1) Fonctions de la bande passante utilisée sur le spectre hertzien.

tion, organisme consultatif placé auprès du ministre chargé de la Consommation et regroupant paritairement l'ensemble des associations de consommateurs agréées et les représentants des activités économiques, a rendu un premier avis en février 1997 sur l'offre d'accès à l'internet. Il convient de souligner la qualité de ce travail (cf. en annexe avis du CNC) et d'encourager la poursuite de ces travaux.

L'offre d'accès à l'internet

Dans le cadre de la **souscription d'un contrat d'accès** à l'internet, le consommateur dispose de peu d'informations lui permettant d'opérer un choix éclairé entre plusieurs offres. Les travaux du CNC ont ainsi révélé que l'information sur la qualité du service fourni, les tarifs ainsi que sur les caractéristiques techniques de l'offre sont trop souvent succincts.

75. Il faut assurer la mise en œuvre des propositions de l'avis du Conseil national de la consommation et leur assurer une publicité plus large notamment à travers la mise à disposition du public de plaquettes d'information éditées par le CNC le plus largement possible.

Voici quelques-unes des recommandations de cet avis.

• Le fournisseur doit garantir une qualité de service sur les lignes dont il est responsable. Des informations pertinentes doivent être fournies au consommateur pour lui permettre d'évaluer cette qualité.

• Les pouvoirs publics doivent dégager les moyens nécessaires afin de définir un indicateur de la qualité (éventuellement avec le concours de l'AFNOR), compréhensible par le consommateur. S'il se révèle impossible d'élaborer de tels indicateurs, le CNC demande la possibilité d'offrir au consommateur une période d'essai préalable.

• L'identification du fournisseur (raison sociale et numéro RCS de la société, etc.) doit figurer dans toutes les offres.

• Le consommateur doit bénéficier d'une information complète sur le coût de la connexion (frais de mise en service, frais d'abonnement, coût horaire, coût des services annexes), ainsi que sur les logiciels fournis.

• Les prestataires proposant une tarification à la durée doivent fournir un compteur du temps déjà utilisé.

• L'offre d'abonnement doit être transparente : le contrat doit spécifier l'identité du fournisseur, la nature des services fournis, y compris d'assistance technique, et les éléments juridiques fondamentaux (loi applicable en cas de contentieux, conditions de résiliation). Il sera opportun d'élaborer un modèle de contrat à titre indicatif.

76. *Un bilan de la prise en compte par les professionnels du modèle de contrat sera effectué au bout de six mois.* ***S'il s'avère que ce modèle n'est pas repris par les opérateurs, les pouvoirs publics pourront le rendre obligatoire ou solliciter l'arbitrage de la commission des clauses abusives.***

Offres à la vente de produits soumis à réglementation

Le développement du commerce électronique mondial, compte tenu des disparités des régimes juridiques nationaux, donnera aux Français libre accès à des produits soumis à réglementation (médicaments sous prescription, etc.) et fournis à partir d'autres pays. Il conviendra en conséquence d'adapter les modalités de contrôle des réglementations sanitaires, médicales et de qualité de produit à ces nouveaux réseaux.

Information du consommateur

La DGCCRF dispose depuis quelques années d'un serveur Minitel (36.14) dédié entièrement au consommateur.

77. Il sera opportun de promouvoir l'ensemble des initiatives visant à une meilleure information des consommateurs. Aussi, comme sur Minitel, la DGCCRF devra ouvrir un serveur sur l'internet dédié à cette information.

La protection du consommateur dans le contexte européen

L'Union européenne a adopté, le 17 février 1997, une directive concernant la protection des consommateurs en matière de contrats à distance. Ce texte crée un socle commun applicable à l'ensemble des technologies de communication. Les États membres ont un délai de trois ans pour transposer ce texte.

78. Une transposition rapide de cette directive dans notre droit interne (courant 1998) prenant en compte les spécificités du commerce électronique permettra à la France de bénéficier, dans les meilleurs délais, d'un dispositif juridique sécurisant l'ensemble des acteurs du commerce électronique.

Augmenter l'attractivité de l'internet

Les données représentées sur le Web (la toile mondiale) sont aujourd'hui estimées à 12 millions de mégabits. Les groupes de discussion, les serveurs de téléchargement FTP (File Transfer Protocol) et autres sous-systèmes atteindraient 45 millions de mégabits ; et ces chiffres croissent de manière exponentielle.

Ces quelques chiffres révèlent que les NTIC vont permettre à une nouvelle économie basée sur le développement des contenus d'émerger. La mondialisation des marchés renforcée par celle des télécommunications a favorisé la constitution de groupes « géants » de la communication (Time Warner, etc.) maîtrisant à la fois les programmes et les réseaux de communication. L'industrie mondiale des contenus est en passe de devenir « le marché du siècle » (cf. Michel Cartier, *Le Nouveau Monde des infostructures*, Fides, Montréal, 1997.) et les Américains s'organisent pour maîtriser la vente des « ressources informationnelles » dans tous les pays.

Dans ce contexte, la France, qui a un rôle moteur à jouer face à la volonté américaine (Georges Lucas prétend qu'« à l'avenir il n'y aura de place que pour une culture... et celle-ci sera américaine) doit développer une stratégie visant à proposer des sources informationnelles et culturelles alternatives [1].

Cette stratégie doit reposer sur la recherche d'alliances internationales (indispensable dans un contexte de déréglementation et de mondialisation des marchés) sur la numérisation de notre patrimoine culturel largement riche et diversifié. Toutefois, cette contre-offensive doit éviter le choc frontal avec les contenus américains : il ne s'agit pas par exemple d'opposer le français à l'anglais mais d'encourager le multilinguisme.

Afin de développer l'attractivité de l'internet, le rôle de l'État peut se résumer en trois points :
- identifier, inventorier, protéger les œuvres relevant du patrimoine ;
- définir un cadre juridique et économique favorisant la création de nouveaux contenus ;
- aider à la diffusion aussi large que possible de ces contenus en les couplant à des services (prestations de tourisme, artisanat local, etc.) dans le but de répondre à un souci culturel, économique et industriel.

Favoriser une offre de contenus culturels

L'un des objectifs prioritaires des années à venir dans le domaine culturel vise à valoriser notre patrimoine et la création par les moyens offerts par le numérique et le multimédia. Mais l'enjeu majeur est surtout celui de la qualité des contenus de programmes qui vont circuler et se multiplier sur les réseaux.

Les technologies numériques de la communication offrent une nouvelle chance à l'aménagement culturel du territoire et à la politique culturelle extérieure de la France. Il revient à l'État d'assurer le développement, de stimuler l'économie du multimédia et de mettre en synergie les partenaires.

Pour cela, il faut que les pouvoirs publics mobilisent les ressources dont disposent les institutions pour valoriser au mieux le

(1) Par exemple, pour la presse, il existe très nettement un marché pour la vision éditoriale européenne, même sur le marché américain. Les mêmes événements continueront de faire l'objet de traitements différents selon les continents.

patrimoine culturel et les initiatives artistiques, tout en modernisant l'accès aux services publics.

Par ailleurs, il revient à l'État d'aider financièrement à l'émergence d'un nouveau marché des programmes.

Mais toutes ces actions demandent à être hiérarchisées dans le temps car nous ignorons l'impact des bouleversements attendus sur les comportements des consommateurs.

Néanmoins, une chose est sûre, la bataille des contenus est commencée et devra être menée à tous les niveaux : producteurs / consommateurs, éditeurs / opérateurs, public / privé, national / mondial, etc. La période transitoire, nécessaire à la montée en puissance du marché peut être mise à profit pour créer une dynamique dans tous les domaines de la connaissance et du patrimoine national.

Il faut, pour comprendre la structure du marché, connaître le rôle des différents acteurs, particuliers, collectivités publiques, sociétés commerciales, etc. De même, il convient de mieux appréhender les demandes des utilisateurs avant de pouvoir y répondre de façon commercialement viable.

79a. Établir un recensement et une typologie des différents acteurs, fournisseurs ou consommateurs de contenu, et des différents types de contenus pouvant alimenter les réseaux culturels.

Les attentes des consommateurs restent pour le moment assez difficiles à cerner, même si on peut identifier certains secteurs plus porteurs (jeux, programmes culturels, secteur ludo-éducatif...).

79b. Réaliser des tests et des études pour mieux cerner la demande du marché en matière de programmes de toutes natures et de contenu multimédia, en segmentant selon les différents types d'utilisateurs. Les travaux menés par le service Études et Prospective du ministère de la Culture vont déjà dans ce sens. Des appels à proposition devront être lancés pour permettre la mise en place de partenariats et de synergies dans certaines régions, le regroupement de compétences éparpillées (éducation, recherche, presse...) et la mobilisation de ces acteurs.

Les compétences financières et techniques adéquates sont aujourd'hui insuffisantes et dispersées entre plusieurs organismes (Délégation à la langue française, Centre national de la cinématographie, autres directions du ministère de la Culture, ministère des Affaires étrangères, SJTI), et au sein des différents ministères.

Parallèlement, les travaux menés à Bruxelles sont à suivre de très près, l'internet restant avant tout un instrument de communication international, et le moyen de faire connaître et de faire circuler des œuvres nationales sur des réseaux mondiaux.

80. Coordonner les actions menées dans les différents ministères ainsi qu'à l'échelle européenne.

De façon à développer l'archivage exhaustif des richesses du patrimoine public, la possibilité pour les chercheurs de travailler virtuellement sur ces richesses, de nombreux programmes sont en cours, aussi bien au musée du Louvre qu'à la Caisse nationale des monuments historiques, aux services régionaux de l'inventaire, à l'INA, etc. Cependant, faute de moyens financiers suffisants, le plan de numérisation peine à se développer.

Les plans de numérisation engagés par l'État et les collectivités locales pour constituer des collections numérisées de textes, de sons, d'images fixes ou animées, illustrent cette volonté de mise en réseau des institutions et de diffusion des ressources.

La numérisation coûte cher mais elle doit être envisagée par l'État comme un investissement et non comme une dépense. La numérisation permet d'associer de nombreux secteurs économiques comme celui du tourisme aux NTIC, par le développement de sites segmentés. C'est-à-dire qu'il faut créer des services à grande valeur ajoutée destinés à des cibles précises prêtes à acquérir des contenus essentiels à leur activité ou répondant à leur préoccupation.

81. Amplifier le plan de numérisation des données patrimoniales de l'État et des collectivités locales par un soutien financier renforcé.
Développer les partenariats avec le secteur du tourisme [1] et les industriels pour enrichir le contenu des services (grâce aux liens hypertextes notamment).

Les données culturelles et patrimoniales, une fois consultables à distance, ont vocation à aider à une meilleure connaissance du patrimoine mondial.

Ainsi le projet Aquarelle, soutenu par la D.G. XIII de la Commission européenne, vise à mettre au point des outils d'échange d'informations entre les grandes bases de données multimédias sur le patrimoine en Europe.

De même, le ministère de la Culture assure la promotion de travaux de terminologie plurilingue dans le cadre de programmes européens. L'accord de coopération passé entre l'Inventaire général et son homologue italien est un exemple intéressant à ce titre.

82. Aider à la création de bases de données et à la mise en réseau (interne et externe) des institutions disposant de bases de données patrimoniales (musées, bibliothèques, etc.). La norme SGML (ISO -8879) sera utilisée pour la réalisation des données électroniques afin de préserver les possibilités d'évolution des systèmes d'information.

(1) Cf. proposition 83.

L'exportation de programmes français joue un rôle fondamental dans la connaissance de notre patrimoine et de notre culture. L'utilisation des nouveaux réseaux doit aider à la circulation et à la diffusion de contenus nationaux et européens afin d'éviter la standardisation croissante de la culture mondiale.

L'État doit rechercher une meilleure synergie public/privé, tout en séparant ce qui relève du domaine commercial du non commercial. Il s'agit de distinguer l'utilisation faite au titre du service public, donc gratuite et accessible à tous, de l'exploitation commerciale permettant de rentabiliser peu à peu l'investissement initial. L'État, quand il interviendra directement dans la commercialisation des services, devra veiller à respecter strictement les règles de concurrence pour rester sur un pied d'égalité avec les opérateurs privés.

83. Prévoir dès l'origine l'utilisation commerciale des données numérisées. Développer des partenariats avec des éditeurs de programmes et la presse. Préciser les règles d'intervention des services publics dans le champ concurrentiel.

La création multimédia nécessite de nouveaux moyens financiers pour atteindre la dimension souhaitée. C'est pourquoi un fonds de soutien viendrait compléter l'actuel Fonds d'aide à la création multimédia, créé en 1989 et géré par le CNC, qui apporte à la production un soutien sélectif consistant en une avance remboursable correspondant à 30 % maximum du devis.

84. Soutenir le développement du secteur de l'édition et de la production multimédia. À cet effet, on pourra réfléchir à la création d'un fonds de soutien à la production.
Plusieurs solutions sont envisageables, dont la création d'une troisième section du COSIP [1], (Compte de soutien aux industries de programmes). Celles-ci seraient comparables à celles existant déjà pour le cinéma et l'audiovisuel et viseraient à favoriser le développement et la production par les entreprises françaises de produits multimédias. Elle pourrait être alimentée par une taxe parafiscale à taux modéré (2 %), assise sur la distribution des jeux vidéo et des produits multimédias.

D'autres modes de financement devront être étudiés pour cette troisième section si elle vient à être créée : par exemple, l'État pourrait procéder à un rééquilibrage de la taxe perçue sur la vente de cassettes vidéo entre la section cinéma (aujourd'hui majoritaire), la section audiovisuelle et la *nouvelle section multimédia*.

(1) La création d'une troisième section multimédia au COSIP devra s'inscrire dans une réforme globale du fonctionnement du COSIP qui doit s'adapter aux dernières évolutions du paysage audiovisuel (télévision numérique) et intégrer l'informatisation prochaine du cinéma, de la télévision, des cassettes vidéo, etc. Cette reconversion au numérique des contenus autrefois sur support analogique est déjà engagée mais il est encore temps pour la France d'anticiper son développement et de transformer en volontarisme économique son protectionnisme audiovisuel.

La création d'une troisième section se justifie notamment par la convergence d'intérêts entre le cinéma, les programmes de télévision et le multimédia pour l'exportation. Les circuits de distribution et de commercialisation ne sont pas tout à fait les mêmes mais l'internet peut apporter à tous une vitrine particulièrement efficace, à l'heure où le nombre d'acheteurs potentiels se multiplie et s'étend à la terre entière.

Les entreprises lancées sur ce marché sont souvent petites et sous-capitalisées. La création d'un fonds de garantie compléterait le guichet multimédia récemment mis en place, à titre expérimental, à l'IFCIC (Institut pour le financement du cinéma et des industries culturelles). Ce dernier consiste pour le moment en un système de garanties de crédits bancaires à hauteur de 50 % et privilégie les investissements à moyen terme pour le financement de structures.

85. Créer un fonds de garantie pour le capital-développement dans les entreprises de production et d'édition de produits multimédias. Ce fonds, privilégiant les investissements en fonds propres dans les entreprises de production et de distribution, pourrait être une expansion de l'expérience déjà menée par l'IFCIC.

Le consommateur est souvent freiné par le coût des produits multimédias ; une baisse de la TVA permettrait d'alléger le coût global de façon significative pour le consommateur final.

86. Favoriser la consommation de produits multimédias, grâce à un abaissement à 5,5 % de la TVA sur les produits et services multimédias : les CD-ROM, l'accès à l'internet et les services en ligne [1].

L'application d'une telle proposition est rendue possible, même au niveau européen, en considérant que, comptablement du moins, la composante prédominante de ces produits réside dans leurs droits d'auteur et dans la valeur ajoutée des créations originales. Or les droits d'auteur figurent dans la liste européenne (annexe H de la directive de 1992) des produits et services pour lesquels les États membres de l'Union européenne ont la faculté de pratiquer le taux réduit de TVA.

Francophonie

Pour que le français continue de jouer son rôle de grande langue de communication internationale, de langue d'accès au savoir et aux cultures, il importe de développer une stratégie d'offre de contenu en français.

Par exemple, le domaine public culturel se doit d'être diffusé sur les services en ligne ; les chefs-d'œuvre littéraires du XVIIIe et du XIXe siècles non couverts par les droits d'auteurs (Balzac, etc.) devront être rendus

(1) Il n'est pas souhaitable de distinguer les services à vocation éducative et culturelle des autres (ludiques, etc.) parce que la détermination de la catégorie applicable est souvent totalement impraticable.

disponibles sur l'internet. Il n'existe pas de dictionnaire français sur le réseau, au contraire de l'anglais avec l'Oxford Dictionnary. Cette offre de contenu français à vocation exportatrice constituerait une démarche alternative à la standardisation croissante de la culture mondiale.

Le développement rapide des nouvelles technologies représente un vrai défi pour notre langue et notre culture. Les risques d'uniformisation culturelle et linguistique sont réels, l'internet se joue des frontières et des espaces culturels et linguistiques protégés.

Perçu comme un outil de plus dans l'arsenal culturel américain, l'internet doit s'adapter aux réalités du pluralisme, du multilinguisme et de la multitechnicité qui font la richesse de notre monde.

Il est évident que la circulation de l'information s'appuie sur des protocoles conçus d'abord et avant tout pour la langue anglaise. Ces protocoles qui régissent les échanges de données reposent sur l'ASCII, une norme américaine qui permet de représenter les lettres de l'alphabet latin en majuscules et en minuscules, les chiffres arabes et les symboles courants, mais pas les accents. Or, exception faite de l'anglais, la plupart des langues indo-européennes ont recours à un système de signes diacritiques dont les versions internationales largement répandues de l'ASCII ne tiennent pas compte. Résultat : les caractères accentués disparaissent [1] parfois via l'internet, ce qui rend difficile le courrier électronique et l'échange de documents.

L'internet est aujourd'hui un réseau anglo-saxon : 80 % des serveurs sont nord-américains et 90 % des échanges se font en anglais et seulement 2 % des échanges en français.

87. L'internet doit évoluer dans une perspective multilingue : le réseau ne doit pas faire l'objet d'une adaptation a priori aux besoins des non-anglophones.

Les choix de normalisation et de régulation ne correspondent par ailleurs pas nécessairement à l'approche française et à ses valeurs.

Sur le plan technique, la circulation et l'échange d'informations dans toutes les langues sur les nouveaux supports rendent nécessaires l'adoption de normes internationales. Il faut donc que nous soyons présents et actifs dans les instances qui élaborent ces normes afin de faire valoir nos intérêts.

Les francophones doivent agir ensemble et de façon concertée. Quand les normes qui permettent le plurilinguisme existent, il est indispensable d'en promouvoir la diffusion.

Les services en ligne sont un domaine où les travaux de normalisation sont extrêmement actifs et en profonde mutation. De

(1) Techniquement, les caractères accentués prennent 8 bits au lieu de 7 pour les caractères ASCII non accentués.

nouvelles normes sont à l'étude, elles peuvent avoir une incidence directe sur les pratiques linguistiques et culturelles des utilisateurs.

Il est donc crucial d'être présent sur le réseau, dans les instances non gouvernementales qui existent déjà et dans les négociations qui s'engagent.

88. Renforcer la présence stratégique d'experts francophones dans les instances internationales de normalisation pour que les nouvelles normes qui s'élaborent permettent le plurilinguisme.

Le Conseil des ministres de l'Union européenne a adopté fin 1996 un programme pluriannuel pour promouvoir la diversité linguistique de l'Europe dans la société de l'information.

Les États de l'Union considèrent que les citoyens et les entreprises ne pourront profiter pleinement de la société de l'information planétaire s'ils ne disposent pas des outils multilingues leur permettant de créer, d'échanger et d'accéder à l'information.

Mais un seul programme est loin d'être suffisant.

89. Demander à la Commission européenne la création de nouveaux programmes qui promeuvent la diversité linguistique de l'Europe dans les services en ligne.

Coordination des pays francophones

Sans coordination nationale entre les États francophones et les opérateurs francophones, les risques sont grands de lancer des initiatives inappropriées aux besoins des pays, de s'appuyer sur des solutions technologiques incompatibles voire inadaptées à un bon usage de la langue française.

90. Soutenir les initiatives et accompagner financièrement le développement des autoroutes de l'information francophones par une démarche véritablement multilatérale. La France, le Québec et le reste du Canada doivent unir leurs forces.

Aussi, un guichet unique pourra être créé pour traiter des questions de subventions, de formations, d'infrastructures et de mise en commun des moyens financiers.

Les nouveaux réseaux se développent rapidement en Afrique francophone. Quelques exemples significatifs peuvent être mentionnés : Côte d'Ivoire, trois fournisseurs de services, Mali, un fournisseur de services de messagerie électronique très performant (Malinet).

91. S'employer à améliorer les réseaux existants et à aider la connexion rapide et massive des pays du Sud-Est asiatique et de l'Afrique.

Dans les pays du Sud où l'infrastructure de l'information culturelle et scientifique est encore très faible, les inforoutes transformeraient radicalement les conditions de travail des chercheurs. Grâce à l'internet, dans les pays les plus pauvres, les moins avancés technologiquement, il serait possible d'accéder à toute la richesse informationnelle disponible partout ailleurs.

92. Mettre en place, comme le suggère Serge Poignant [1], un fonds francophone d'intervention pour la diffusion des autoroutes de l'information dans les pays du Sud, lors du sommet d'Hanoï.

Les plans d'action présentés par l'Association des universités de langue française, regroupant 280 établissements d'enseignement supérieur et de recherche dans 38 pays, sont très intéressants. Cette association a mis en place le réseau REFER, qui est accessible via l'internet, et propose dans le cadre de son service contact, un annuaire des serveurs Web francophones spécialisés dans les questions universitaires et de recherche.

Politique culturelle extérieure et défense de la langue française

Des associations de protection de la langue française ont assigné en justice une école d'ingénieurs d'origine américaine dont le site Web est en anglais, mais hébergé en France.

Georgia Tech Lorraine a-t-elle violé l'article 2 de la loi « Toubon » du 4 août 1994 qui stipule que « dans la désignation, l'offre, la présentation, le mode d'emploi d'un bien ou d'un service... », l'usage de la langue française est obligatoire ?

Si cela était le cas (jugement le 28 avril), l'avocat de Georgia Tech conseillera à cette école de déplacer son serveur à l'étranger.

Imposer le français sur un réseau tel que l'internet paraît totalement illusoire, d'autant plus que 90 % des échanges s'effectuent en anglais. Au lieu de lutter contre la présence de cette langue sur les sites internet consultables en France, ne vaut-il pas mieux favoriser l'accès au français sur un internet plurilingue ?

93. Adapter la loi « Toubon » du 4 août 1994 à la présentation de prestations sur l'internet. Cette adaptation implique d'accepter clairement les Webs en anglais lorsque la cible est étrangère.

Grâce à un effort du ministère de l'Éducation nationale, la dimension francophone est bien présente dans le travail des établissements d'enseignement supérieur français. La plupart des universités ont ouvert

(1) Serge Poignant, député, auteur d'un rapport d'information de l'Assemblée nationale, n° 2941 intitulé « Pour une stratégie francophone des autoroutes de l'information », 1996.

des services d'information en ligne et utilisent les réseaux pour développer l'enseignement et la formation à distance. L'utilisation de ces outils doit se mettre au service de la coopération avec les pays francophones du Sud. Le projet Resafad, piloté par le ministère de la Coopération regroupe un consortium d'universités françaises rassemblées par le ministère de l'Éducation nationale dont l'objet est de mettre en place, dès 1997, une formation à distance des directeurs d'écoles primaires et des techniciens informatiques de quatre pays d'Afrique de l'Ouest.

94. Soutenir la création de produits et de logiciels multilingues de qualité, notamment de moteurs et de serveurs de recherche français, véritables annuaires électroniques du Web qui répertorient et indexent automatiquement les contenus mis à disposition, outils qui, pour l'instant, ont été mis en place en grande partie par les Anglo-Saxons.

Les contenus français destinés à des publics étrangers doivent pouvoir être diffusés en langue française ou en langues étrangères. Les opérateurs de l'action audiovisuelle extérieure (notamment Radio-France internationale) sont en mesure de contribuer à la réalisation de tels contenus et d'en assurer l'indispensable promotion sur l'internet.

95. Créer sur l'internet une offre sur la France et son patrimoine culturel *destinée aux publics étrangers en langue étrangère, dans le prolongement des initiatives déjà prises par le ministère de la Culture et le ministère des Affaires étrangères.*

Le ministère des Affaires étrangères doit réaliser son projet de créer une méthode complète d'auto-apprentissage du français offerte en libre accès sur ce réseau. Les enseignants de français dans le monde auront ainsi gratuitement à leur disposition un outil de qualité. Il est important que cette méthode soit mise en ligne lors du prochain sommet des chefs d'États et de Gouvernements des pays ayant le français en partage (Hanoï, novembre 1997).

96. Offrir sur le réseau en libre accès une méthode d'auto-apprentissage du français comme langue étrangère.

Données publiques

Les nouvelles exigences de service public doivent conduire l'Administration française à accélérer sa modernisation. L'internet est un facteur important de transparence que l'Administration ne peut pas négliger.

L'Administration est en effet le plus grand producteur, collecteur, consommateur et diffuseur d'information. C'est un enjeu économique de tout premier ordre. Du point de vue de l'emploi, les études les plus récentes (notamment de l'OCDE) confirment que dans la société de l'information la moitié des emplois existants sont liés à l'activité informationnelle [1]. C'est pourquoi, alors que les activités informationnelles jouent un rôle déterminant dans l'économie des pays les plus avancés, l'une des conditions pour se maintenir dans ce groupe est que les gisements détenus par la puissance publique soient aisément accessibles à tout agent économique susceptible de les incorporer dans des produits à valeur ajoutée.

Il importe de résoudre la question de la complexité administrative (textes nombreux, interlocuteurs multiples, procédures complexes...) par le recours aux nouvelles technologies (moteurs de recherche, liens hypertextes...) et la création d'un guide exhaustif et raisonné des services gouvernementaux.

97. Renforcer la présence des administrations publiques sur l'internet, notamment par la mise en ligne systématique et dans la mesure du possible gratuite des données publiques (textes juridiques, journaux officiels, fonds documentaires et patrimoniaux...). Mettre au point un guide exhaustif des services gouvernementaux.

97a. Les informations actuellement disponibles gratuitement par simple documentation écrite doivent l'être également en ligne.

97b. La Documentation française devra faire le choix, pendant un temps limité mais nécessaire pour convaincre les citoyens, de diffuser gratuitement sur l'internet des documents imprimés qui sont aujourd'hui payants.

97c. Un document imprimé payant de la Documentation française, en rupture de stock, devra faire l'objet d'une mise en ligne obligatoire en attendant sa reparution.

97d. Il faut mettre en ligne gratuitement le Journal Officiel en s'appuyant au maximum sur les fonctionnalités qu'offre le réseau internet.
En partant du principe que « nul n'est censé ignorer la loi », ce qui aujourd'hui est une vue de l'esprit, il est fondamental de mettre en œuvre ce chantier. La loi française est très « hypertextuelle » et la lecture du « JO » ne permet absolument pas pour un non-initié de visualiser l'ensemble des dispositions dans un domaine donné. Par ailleurs, il est peu imaginable que la France ne fasse rien alors qu'à l'étranger, les lois françaises sont déjà mises en ligne.

97e. Il est par conséquent souhaitable de renégocier au plus tôt les accords avec la société ORT qui constituent aujourd'hui un frein considérable pour faciliter l'accès de tous à l'information publique. Il devra être tenu compte de la

(1) Dans l'Union européenne, on estime à plus de 6 millions le nombre d'emplois informationnels « directs » (télécommunications, médias, etc.) et à 50 millions le nombre de ceux qui traitent de l'information.

transposition en droit interne de la prochaine directive européenne sur la gratuité des données publiques.

La mise en ligne des données sur les associations d'utilité publique est un élément non négligeable de transparence et doit également être favorisée.

98. Créer un site public hébergeant gratuitement les informations concernant les associations reconnues d'utilité publique.

Les bibliothèques et musées, chargés de protéger et de diffuser le savoir et la culture, détiennent des masses considérables d'informations : leur rôle dans la mise en ligne des données culturelles sera primordial. Par exemple, avec l'internet, il ne sera plus besoin de venir à Paris pour consulter la base de présentation des livres de la BNF (Bibliothèque nationale de France).

99a. Mettre en réseau les données que détiennent les bibliothèques comme la Bibliothèque nationale de France, la bibliothèque du Parlement, la bibliothèque Georges Pompidou, etc.

99b. Permettre les recherches sur les livres numérisés depuis l'internet..
La BNF, par exemple, a numérisé 100 000 livres pour les rendre accessibles sur les postes de lecture assistée par ordinateur. Les recherches sur ces contenus devraient être rendues accessibles depuis le réseau internet même si, dans le cadre du respect des droits d'auteur, seul un extrait ou une fiche de présentation de l'ouvrage devait être envoyé à l'issue de la recherche.

99c. Ouvrir sur l'internet les bases de données de présentation des livres de la BNF et des autres bibliothèques.

Rendre disponibles les services Minitel

Dans un contexte aussi spécifique que l'environnement français, marqué par le préalable du Minitel, il est peu concevable de vouloir favoriser le développement de l'utilisation de l'internet en France, sans chercher à profiter au mieux d'une transition performante à partir des acquis de la télématique.

Le Minitel est un excellent outil grand public qui restera encore longtemps un terminal télématique très simple à utiliser. Cependant même s'il nous confère une avance dans les services actuellement disponibles et dans la pratique quotidienne par le grand public d'un vecteur télématique, force est de constater qu'il n'incite pas aujourd'hui dans notre pays au développement de l'internet : les services qui tirent le multimédia aux États-Unis existent chez nous sur Minitel.

La proposition est donc de tirer profit de l'expérience Minitel, de l'utiliser comme un acquis, comme une avance sur la compétition internationale en permettant la migration progressive de la plupart des 14 000 services existants.

C'est donc *essentiellement l'économie du Minitel* que nous recommandons de transposer à l'internet afin de permettre cette migration.

À moyen terme, de même que la FM n'a pas tué les grandes ondes, l'internet et le Minitel coexisteront car ils répondent chacun à des besoins différents, le Minitel étant par exemple parfaitement adapté à l'accès rapide à des bases de données d'information générale.

La problématique est la suivante :
– beaucoup des offreurs des 14 000 services Minitel ne veulent pas voir disparaître la rentabilité des services qu'ils proposent ;
– les offreurs des 14 000 services veulent pouvoir disposer d'un moyen marketing pour informer simplement des conditions d'accès à leur service (le « 3615 quelque chose » est rentré dans la pratique verbale courante).

Aussi, il s'agit :
– de capitaliser sur l'acquis principal du Minitel : son économie avec des offreurs de service qui n'ont pas à recréer une lourde chaîne de facturation de leurs clients ;
– d'inciter les 14 000 offreurs de services Minitel à aller chercher du chiffre d'affaires sur l'internet et donc de permettre la création, sous format internet, des actuels services disponibles sur Minitel ;
– de ne pas nécessiter un nouveau contrat d'abonnement, ni l'utilisation de la carte bancaire sur des petites sommes. Il ne faut pas attendre l'arrivée sur le net de moyens simples d'utilisation pour les micro-paiements.

100. Il faut inciter France Telecom et les autres fournisseurs d'accès à transposer pour l'internet le système du kiosque, permettant à des utilisateurs sans abonnement de se connecter à des services à valeur ajoutée au format internet, en permettant un reversement aux offreurs de ces services. Un corollaire sera de porter sur la facture de téléphone classique de l'utilisateur les coûts correspondant à chaque palier de services. Ce système de médiation et de facturation, plus simple, devra être utilisable par tous les offreurs d'accès et de services qui le veulent, c'est-à-dire en respectant l'aspect concurrentiel du secteur. Il faudra aussi veiller à ne pas recréer des rentes de situation comme celles que connaît le Minitel aujourd'hui en inventant des paliers de tarification plus rapprochés que ne le sont les 3614, 3615 et suivants.

Une fois que les services du Minitel seront convertis pour figurer sur ce « kiosque internet », le saut technologique de ces offreurs de service sera fait. Ils pourront très facilement s'ouvrir sur le reste des clients de l'internet puisque seul le problème du paiement restera à régler.

Signalons pour finir que les plus grands opérateurs d'accès à l'internet par le câble sont prêts à incorporer ce système de kiosque dans leur offre d'autant plus que leurs réseaux ainsi que leurs processus de facturation y sont d'ores et déjà compatibles. C'est le cas par exemple de Télériviéra à Nice dont l'accès internet est tarifé forfaitairement et dont les services à valeur ajoutée sont payants (« pay per play » sur le modèle du kiosque Minitel). Aussi les services qui s'ouvriront sur ce nouveau kiosque internet seront-ils directement transposables sur le câble.

Sans attendre il est également nécessaire que les réflexions initiées autant par les industriels concepteurs de terminaux que par les opérateurs de télécommunications ou les gestionnaires de services télématiques, autour du passage du Minitel à l'internet, puissent être accélérées par des synergies et une vision plus claire de la route à parcourir pour y parvenir.

Les pouvoirs publics peuvent utilement contribuer à favoriser cette accélération en fixant un rendez-vous à tous les acteurs économiques concernés afin qu'ils exposent leurs projets et leurs atouts pour que cette transition se fasse dans les meilleures conditions et au profit du plus grand nombre.

Ce rendez-vous pourrait être fixé dans le courant du mois d'octobre 1997, soit trois mois avant l'échéance majeure de l'ouverture totale à la concurrence des télécommunications en France.

Beaucoup des informations intéressantes sur l'internet, comme le courrier électronique ou les bases de données sont présentées sous forme écrite ; aussi, dans le cadre d'une utilisation professionnelle ou bon marché, il peut être intéressant de ne vouloir accéder qu'à ce type d'information, en évitant les délais de téléchargement dus aux images, sons, vidéos, etc.

Curieusement, une solution astucieuse consiste à utiliser le Minitel : celui-ci, quand il possède le mode 80 colonnes (comme le Minitel 1bis par exemple), permet d'afficher beaucoup de texte sur un même écran. Dans les nouvelles versions de Minitel, les débits sont de surcroît très appréciables : 8 fois (9600 bits/sec au lieu de 1200 bits/sec) plus rapides qu'avec les vieux Minitels comme le 1, le 1bis, etc.

Malheureusement, dans ces nouvelles versions de Minitels, le mode 80 colonnes n'existe plus. Plus rapides, les « Magis » et autres « Sillages » sont bridés à 40 colonnes, empêchant ainsi de disposer en France d'un terminal internet rudimentaire mais très bon marché.

101. Demander à France Telecom de remettre le mode 80 colonnes dans tous les cahiers des charges de ses terminaux Minitels.

La presse en ligne

L'entrée de la presse sur les réseaux en ligne représente un enjeu essentiel, il importe en conséquence de favoriser son développement.

Les éditeurs de presse ont toujours manifesté la volonté de participer activement à la mise en place des autoroutes de l'information et de jouer un rôle majeur dans le déploiement de ces nouveaux réseaux de communication.

Il a été constaté une forte implication des éditeurs de presse dans le cadre des expérimentations et une volonté stratégique affirmée de s'investir sur les nouveaux supports pour valoriser leur savoir-faire existant et exploiter leur compétence acquise dans leur rôle traditionnel de diffusion de l'information, notamment grâce à la télématique.

La valorisation du capital important dont dispose la presse écrite représente un véritable enjeu pour les éditeurs de presse. Elle dispose à cet effet d'atouts essentiels, elle peut tirer parti de la numérisation de ses fonds informationnels et présente une garantie du respect de la déontologie de l'information.

Divers projets de services électroniques de presse et d'information, déposés dans le cadre de l'appel à propositions des expérimentations, ont été labellisés et sont, par ce biais, bénéficiaires d'une aide financière de l'Etat sur la partie recherche et développement du plan de financement.

Au titre du développement de la presse sur les nouveaux médias, on notera également la réalisation de Globe Online en juin 1995 ; cette association de différents partenaires (La Tribune, La Centrale des particuliers, Le Monde, Libération...) doit permettre d'offrir prochainement une vitrine de services sur l'internet et un organisme de gestion pour les transactions.

On peut d'ores et déjà distinguer deux grands types de services offerts :
- ceux proposant la diffusion électronique de journaux papier ;
- des serveurs d'information mettant à disposition des lecteurs une pluralité d'informations (dépêches d'agence, photos, petites annonces, etc.) présentées de manière originale, offrant des services diversifiés et interactifs : services commerciaux, services d'accès à la communauté électronique, services de distraction, services d'animation locale.

En outre, si la presse a prouvé à travers ses projets son souci de toucher une clientèle élargie dans des conditions de distribution améliorée (qualité et rapidité), force est de constater la faiblesse de capacité de financement de ces projets.

Aussi, la création récente d'un fonds d'aide à la presse pour le développement des services multimédias, doté de 20 millions de francs, doit permettre de soutenir la réalisation d'investissements dans le domaine des nouvelles techniques du multimédia et d'encourager les initiatives innovantes des éditeurs de presse dans ce secteur. Ce fonds, géré par l'IFCIC, bénéficiera, sous forme d'une avance partiellement remboursable, aux entreprises de presse écrite éditrices d'au moins une publication inscrite sur les registres de la commission paritaire des publications et agences de presse (CPPAP).

En tout état de cause, il importe de conserver les principes fondamentaux qui demeurent la spécificité et l'impératif de la presse : la liberté de la communication, le pluralisme et la transparence. Il importe en effet que la presse conserve et développe les caractéristiques professionnelles qui sont les siennes : contenu, débat, recul sur l'événement et distance critique.

La presse bénéficie de fonds éditoriaux déjà existants ce qui est de nature à faciliter son entrée en ligne en offrant un contenu riche et diversifié. Si le fonds multimédia récemment créé doit permettre d'aider à la numérisation des fonds, il importe de soutenir plus largement de telles initiatives.

102. Aider à la numérisation des fonds éditoriaux des entreprises de presse.

La valorisation des fonds devra nécessairement s'accompagner de la mise en place d'un système d'indexation et de modes de recherche performants, accessibles aux grand public.

Afin d'encourager le développement de services de presse en ligne, et sans attendre l'abaissement général de TVA demandé à la proposition 86, les avantages fiscaux consentis à la presse papier devraient être élargis aux services électroniques. Aujourd'hui, un journal en ligne se voit affecter une TVA à 20,6 % alors que son équivalent papier [1] n'est soumis qu'à une taxe à 2,1 %. Même si le taux de 2,10 % est difficilement envisageable pour des raisons [2] européennes, celui de l'édition, à 5,5 %, pourrait être appliqué [3] aux services de presse en ligne.

L'environnement juridique communautaire prévoit en effet que « les journaux et périodiques », sans autre précision quant à leur support, peuvent faire l'objet d'un taux réduit de TVA (6° catégorie, annexe H de la directive 92/77/CEE du 19 octobre 1992). Par ailleurs, il n'existe aucune définition européenne de la presse et encore moins de texte faisant référence au support papier.

La législation française impose un critère matériel – l'impression – aux publications de la presse pour que ces dernières puissent bénéficier d'un taux réduit de TVA (cf. art. 72, annexe III et 298 septies du Code général des impôts).

Une modification par décret de l'article 72, annexe III, du Code général des impôts permettrait de pratiquer un taux de TVA réduit sur les produits de presse (2,10 % pour la presse papier, 5,5 % pour la presse électronique).

(1) S'il possède un numéro de commission paritaire.
(2) Le taux plancher européen est en effet de 5 % ; en France le taux réduit est de 5,5 %.
(3) Sur la faisabilité d'une telle proposition par rapport aux règles européennes, on pourra se reporter à l'argumentaire de la proposition 86 sur la TVA des produits multimédias de type CD-ROM.

Des sites affichant des objectifs d'enrichissement du contenu et de développement du pluralisme seraient susceptibles d'être retenus par une commission paritaire, à l'instar du système applicable à la presse écrite.

103a. Accorder à la presse électronique les avantages fiscaux de la presse papier. Délivrer un agrément aux sites répondant à certains critères.

103b. Une harmonisation et une simplification au niveau européen de la TVA en ligne sont souhaitables.

Les principales caractéristiques à respecter pour l'agrément pourraient être les suivantes :
– présenter un caractère d'intérêt général ;
– limiter la surface publicitaire ;
– ne pas être un moyen de promotion d'un produit ou service ;
– être rédigé en français.

La presse, de par sa diversité, peut facilement s'implanter sur les réseaux en ligne, elle doit cependant exploiter le caractère pluraliste de l'information en fédérant son offre : un catalogue ou kiosque virtuel pourrait à cet effet être créé. On donnera pour exemple les initiatives développées par la presse quotidienne régionale permettant aux Français du monde entier d'avoir accès aux informations de leurs régions d'origine.

104. Fédérer les offres de services en permettant aux utilisateurs de consulter le support éditorial recherché tout en portant à leur connaissance l'ensemble des titres afin de marquer la spécificité des offres de services de presse électronique.

La fédération des offres de services peut également permettre de mettre en commun certaines dépenses. On peut ainsi imaginer, au niveau d'une catégorie de presse (presse régionale par exemple), la mise en place d'un fonds documentaire commun avec une organisation commune destinée à assurer la gestion de la base et sa diffusion auprès du public.

L'interactivité, caractéristique essentielle des services en ligne, doit être exploitée en permettant des services à la carte et des modes d'interrogations et de dialogues avec les journalistes.

105. *Développer l'interactivité des services d'information afin de permettre au lecteur d'obtenir l'information qui convient le plus à son attente.*

Afin d'opérer une distinction claire entre services d'information en ligne et services de communication et de garantir la fiabilité des informations énoncées, les entreprises de presse pourront mettre en œuvre un label commun servant de caution aux annonceurs et consommateurs.

106. Les professionnels pourraient se concerter pour la mise en place d'un label presse garantissant la spécificité des services d'informations offerts et leur qualité professionnelle.

Face à la multiplicité des informations disponibles sur les services en ligne, la presse doit montrer son professionnalisme en garantissant la validité des informations diffusées et la qualité « journalistique » de son produit grâce au respect de règles déontologiques. Le traitement, la hiérarchisation et la synthèse critique des informations qui constituent le métier traditionnel de la presse doivent être mis en valeur. Il importe à cet effet que les journalistes conservent leur professionnalisme notamment par la vérification des sources. Aussi la formation des journalistes doit elle apprendre à maîtriser les nouvelles technologies tout en gardant les réflexes traditionnels.

107. Former les professionnels aux nouvelles technologies, en particulier au sein des écoles de journalisme.

La presse constitue un acteur privilégié sur le marché de l'information qu'il importe de soutenir. Elle diffuse en effet nombre d'informations provenant en particulier de sources publiques afin de les insérer dans une information politique et générale (exemple : données météorologiques, résultats du baccalauréat, cours de la Bourse...). Dans la perspective du multimédia, les données publiques susceptibles de donner lieu à commercialisation ressortent de la catégorie de l'information « service » dont la presse quotidienne fait un axe stratégique car elle se prête particulièrement bien à une exploitation via les nouvelles technologies.

Même si une partie de ce chapitre est spécifiquement consacrée aux données publiques, nous rappelons qu'il importe d'en faciliter l'accès à la presse qui, par son expérience et ses compétences, est en mesure de valoriser ces données pour leur mise à disposition auprès du public (mise en forme, analyse, vérification...).

108. Faciliter l'accès de la presse aux données publiques afin d'encourager le développement de services électroniques de presse : l'Administration doit être en mesure de fournir les données qu'elle produit, soit gratuitement soit à un coût raisonnable, correspondant au coût de la mise à disposition de ces données.

Cette orientation est conforme au principe fixé par la circulaire de 1994 sur les données publiques qui prévoit expressément que, en cas d'usage pour rediffusion, « des dispositions particulières plus favorables peuvent être prévues, selon des critères objectifs et en rapport avec la finalité du service, pour les catégories qui, dans le secteur de la presse, jouent un rôle actif dans la circulation des idées et le débat démocratique ».

En amont des éditeurs de presse, les agences de presse constituent la source principale des informations de base utilisées. Il conviendrait en conséquence d'inciter les agences de presse à numériser leurs fonds. Ce travail de numérisation est actuellement mis en œuvre par les grandes agences ainsi que par les petites agences récemment crées qui misent sur les nouvelles technologies. La valorisation des fonds des agences passe nécessairement par l'exploitation de leurs archives. Il pourrait en conséquence être envisagé de mettre en place un système comparable à celui de l'article 39 bis du Code général des impôts permettant aux entreprises de presse de réaliser des provisions sur investissements. Les agences de presse seraient en conséquence autorisées à créer une provision de ressources, destinée à amortir les coûts de numérisation, déductible de leur résultat imposable.

109. Aménager un système de provision sur ressources comparable à celui de l'article 39 bis du Code général des impôts pour la numérisation des fonds des agences de presse.

L'emploi en ligne

L'ANPE dispose d'un service informatique qui pourrait facilement passer sur l'internet et ainsi rendre visible l'ensemble des offres d'emploi sur toute la France.

Pour cela, il est nécessaire de lever la barrière juridique que constitue l'interdiction [1] de diffuser les offres d'emplois en dehors de la presse écrite.

Ces informations constituent un contenu attractif et intéressant. Cette interdiction, qui par ailleurs n'est pas respectée actuellement, doit donc être levée.

110. Autoriser la diffusion d'offres d'emplois.

Les autres services (jeux, loteries, etc.)

Une loi ancienne, la loi du 21 mai 1838, interdit les jeux répondant à quatre conditions cumulatives. En effet, son article 2 dispose : « Sont réputées loteries et interdites comme telles : les ventes d'immeubles, de meubles ou de marchandises effectuées par voie du sort ou auxquelles auraient été remis des primes ou autres bénéfices dus, même partiellement au hasard, et généralement toutes opérations offertes au public, sous quelque dénomination que ce soit, pour faire naître l'espérance d'un gain qui serait acquis par la voie du sort. »

Les jeux à fin promotionnelle offerts par les services en ligne et qui leur permettent de fidéliser leur clientèle, tombent sous le coup de la loi pénale. Déjà plusieurs services offrent des jeux prohibés.

111. Assouplir la législation sur le jeu afin d'autoriser les jeux promotionnels sur l'internet même si les joueurs doivent supporter une participation financière.

(1) L'article L 311-4 du Code du travail stipule qu'il est « interdit à toute personne de faire connaitre ses offres ou demandes d'emploi, soit par voie d'affiche apposée en quelque lieu que ce soit, soit par tout autre moyen de publicité » et prévoit une exception en faveur de la presse écrite.

Les jeux et loteries constituent un levier très important dans le cadre des activités de loisirs susceptibles de se développer sur le réseau. Toutefois, il est probable que les jeux classiques à grattage ou tirage soient de moins en moins prisés par ceux qui ont pris dès leur plus jeune âge l'habitude de manipuler les jeux vidéos et les consoles de plus en plus sophistiqués. *Il est aujourd'hui urgent de permettre à la Française des jeux d'utiliser l'internet pour la création de jeux en ligne.*

Le maillage du territoire par la Française des jeux (1 point de vente pour 4 000 habitants) est incontestablement un atout important pour familiariser les Français avec la présence de terminaux reliés à l'internet.

En contrepartie des dispositions juridiques qui seront prises pour lui permettre la création de jeux en ligne, la Française des jeux pourra équiper progressivement tous ses points de vente d'un accès internet avec un développement des jeux de loterie sur le réseau.

Les accords tacites entre États ont territorialisé les jeux de loterie. Mais il est clair que le développement international de l'internet mettra un terme à ce « gentleman agreement ». Compte tenu de la crédibilité des organismes nationaux de jeux et de l'intérêt économique que représente un développement international, il serait désolant de laisser à des concurrents étrangers, voire à des mafias, le soin d'exploiter le jeu sur le réseau internet. L'expérience française, l'expertise de nos sociétés publiques en matière de jeux est une carte à jouer sur le réseau.

112. Lancer des jeux sur l'internet, à vocation internationale, en utilisant notamment les opportunités fournies dès 1998 par des événements sportifs à fort retentissement.

Protéger la propriété intellectuelle

Les auditions conduites dans le cadre de cette mission ont révélé la profonde conviction des utilisateurs de l'internet de la nécessité de protéger les droits des créateurs de contenus [1], ces droits étant les garants de la mise en œuvre d'un marché équilibré.

Cependant, cette conviction est contrebalancée par le souhait d'aboutir à une simplification des procédures de recouvrement des droits afin de ne pas compromettre l'émergence de ce marché.

Les professionnels auditionnés se sont avérés particulièrement attachés à une adaptation de la législation et à la clarification des rôles respectifs des différents intervenants dans ces nouvelles formes d'expression ; ce qui conduira à adapter le droit de la propriété littéraire et

(1) Cette position a été réaffirmée par la Commission « droit » du chapitre français de l'internet Society lors des rencontres d'Autrans (1997).

artistique français qui constitue un socle favorable au développement des services en lignes.

Toutefois, au vu de la configuration internationale du réseau, cette adaptation propre à rentabiliser l'utilisation des œuvres en mode numérique doit être conduite avec prudence et ne peut être menée que dans un cadre international, seule garantie d'une harmonisation effective des pratiques et de leur application.

Cette volonté d'harmonisation a été partiellement concrétisée au travers des deux traités relatifs au droit d'auteur et aux interprétations, exécutions et phonogrammes adoptés dans le cadre de la dernière conférence intergouvernementale de Genève du 2 au 20 décembre dernier relatifs au droit d'auteur et aux droits voisins.

Parallèlement, la communication (COM (96) 568 final) de la Commission européenne dans le cadre du Livre vert sur le droit d'auteur et les droits voisins dans la société de l'information (COM (95) 382 final) devrait aboutir à la rédaction de directives touchant les quatre domaines suivants :
- le droit de reproduction, avec ses limitations et exceptions ;
- le droit de communication au public ;
- la protection juridique de l'intégrité des identifications techniques et des systèmes de protection ;
- le droit de distribution et le principe de l'épuisement des droits.

S'il nous semble prématuré de proposer ici la rédaction d'une « loi du numérique » tant la matière est soumise à des évolutions rapides, des solutions transitoires, *dans l'attente d'une confirmation au plan international*, peuvent d'ores et déjà être proposées pour faciliter la création de contenus francophones et l'investissement d'opérateurs français, et ceci, de manière à assurer la rémunération proportionnelle des ayants droit.

Ces solutions sont guidées par deux principes d'action :
- d'une part, une intervention en amont, c'est-à-dire au moment de la création, au travers d'une information des créateurs d'œuvres multimédias originales et au moyen du développement des procédés techniques de marquage, d'identification des œuvres et d'enregistrements qui garantissent à l'ensemble des ayants droit concernés (auteurs, artistes-interprètes, producteurs) un contrôle de la circulation de leurs œuvres, prestations et productions, et en contrepartie une juste rémunération ;
- d'autre part, une intervention plus en aval, par la simplification des procédures d'autorisation et de perception des droits, au moyen du système de « guichet unique ».

Ces deux techniques sont d'ores et déjà mises en œuvre ; leur développement requiert l'adhésion de l'ensemble des intervenants de la chaîne de reproduction et de communication au public au processus de « sécurisation » : auteurs, artistes-interprètes, producteurs, diffuseurs, industriels... Il s'agit donc de former, en particulier, les futurs ayants droit aux nouvelles modalités de gestion de leurs œuvres, prestations et productions.

113. Informer les futurs créateurs sur les modalités de la création en ligne au moyen d'un site dédié à la création sur l'internet.

• Ce site pourrait offrir aux utilisateurs un vade-mecum de la création d'un service en ligne, lequel exposerait les procédures d'obtention d'un nom de domaine auprès du Nic-France et rappellerait les règles essentielles de protection de la création au titre de la propriété intellectuelle.

À ce stade, il faudra bien distinguer les conditions relatives à la création « originale » des règles de droit applicables à la création d'une œuvre dérivée.

L'information porterait aussi sur les modalités de codification des œuvres, éventuellement sur les règles relatives à la rémunération des ayants droit.

• Le site pourrait renvoyer, au moyen de liens hypertextes, aux sites des principales sociétés de gestion collective des droits d'auteur et des droits voisins, mais aussi à ceux des sociétés de producteurs et réalisateurs.

• Parallèlement, l'information doit être développée au niveau des rapports contractuels. Le contrat demeure le moyen le plus efficace de « sécuriser » la perception et la rémunération des droits des créateurs « on-line », mais aussi « off-line ». Il convient d'agir au stade de la formation du contrat en prévoyant les modes d'exploitation contractuels des œuvres.

Dans les contrats auteur / éditeur, auteur / producteur, et artiste-interprète / producteur, il est nécessaire de respecter les règles suivantes :
– acquérir préalablement le droit d'exploitation des œuvres sur chaque support et notamment pour une exploitation en mode numérique (cf. art. L122-7, alinéa 3 du CPI) et des prestations (cf. art. L212-3 du CPI), la cession totale du droit de représentation ou du droit de reproduction étant limitée aux modes d'exploitation prévus au contrat ;
– prévoir l'étendue, la destination, le lieu et la durée de l'exploitation (cf. art. L131-3, alinéa 1 du CPI).

De surcroît, il faut informer les futurs créateurs sur les perspectives d'évolution de la création de contenus multimédias vers une création soit salariée, soit techniquement « autonome ».

• Cependant, la création et la gestion de ce site demeurent à définir. Les sociétés de perception et de répartition des droits semblent cependant les plus à même d'assurer cette mission d'information.

Parallèlement, les contours de la création sur l'internet doivent être définis. En effet, les incertitudes soulevées par les futurs investisseurs sont principalement liées à l'absence d'une définition de l'œuvre multimédia et d'une typologie claire des acteurs du « Net ».

Pour autant, la clarification requise est difficile à mettre en œuvre, car la spécificité première de l'internet est l'évolution des techniques.

Or, seule une définition de ce type d'œuvre pourrait aboutir à la création d'un statut de créateur multimédia [1].

114. Qualifier les concepts juridiques de la création.

Concernant les procédures d'identification et de codage des œuvres, l'harmonisation des systèmes est menée tant au plan international que communautaire et national.

- Au plan international, l'ISO (International Standard Organisation) développe les normes suivantes : ISO/CEI 10918-3 pour l'échange de données photographiques, ISO/CEI 13818-1, 2 et 3 pour le codage des images animées et du son (TV numérique) et au sein du projet de norme ISO/CEI 14496 (MPEG4) relatif au codage des « objets » multimédias. La Confédération internationale des sociétés d'auteurs et de compositeurs (CISAC) a arrêté le principe de deux codes : ISAN pour les œuvres audiovisuelles et ISWC pour les œuvres unitaires, lesquels renvoient à des bases de données distinctes relatives aux ayants droit et aux modalités d'autorisation et d'utilisation des œuvres.

- Au plan communautaire, la Commission européenne, dans le cadre des programmes de recherche Esprit relatifs aux technologies de l'information, gère plusieurs projets cofinancés qui tendent à la définition d'un modèle générique (CITED), au développement du recours aux identifiants (Copycat, MUSE) et à l'adoption d'une position reconnue au plan international (Imprimatur).

- Au plan national enfin, l'Agence de protection des programmes (APP) propose un système nommé Inter Deposit Digital Number (IDDN) dont l'objet est d'intégrer un identifiant dans chaque œuvre, plus si possible une signature électronique, afin que chacun soit informé des conditions d'exploitation que le titulaire de droits a déterminées.

115. Promouvoir la certification internationale des systèmes d'identification des œuvres.

Le troisième aspect de la simplification des procédures d'autorisation d'usage des œuvres en ligne réside dans le souhait des utilisateurs de contenus éligibles à la protection du Code de la propriété intellectuelle de passer des conventions, si ce n'est avec un interlocuteur unique, au moins avec une structure représentative d'une profession.

(1) Proposition développée par Thierry Miléo dans *Les réseaux de la société de l'information*, commisariat général du Plan, 1996.

Il ne s'agit pas ici d'imposer le recours à la gestion collective, mais d'inciter les sociétés de perception et de rémunération des droits à offrir aux utilisateurs de nouvelles technologies de la communication des formules contractuelles communes.

Notons qu'un tel type de structure existe auprès de la SDRM : SESAM. Il faudrait cependant que le système soit étendu aux autres sociétés que les seules sociétés d'auteurs.

Enfin, le « guichet unique » ne doit pas occulter la possibilité, pour un créateur, de réaliser par lui-même la gestion de l'exploitation de son œuvre, à la condition toutefois que celle-ci ne mette pas en jeu les droits d'autres catégories ayants droit.

116. Favoriser le recours au système du « guichet unique ».

Perspectives

Les thèmes suivants soulèvent des problèmes qui pourraient déboucher sur une adaptation du Code de la propriété intellectuelle.

- Le droit de citation (cf. art. L122-5 du CPI) pourra être élargi aux autres supports que l'écrit. Tel qu'il est conçu dans le Code, il est applicable aux œuvres multimédias mises en ligne dans la mesure où les procédés techniques d'identification des œuvres autorisent l'indication claire du nom de l'auteur et de la source.

- La définition d'un régime spécifique de la reproduction aux fins d'enseignement. Celle-ci n'est pas prévue par le Code (cf. art. L122-5 du CPI) ; elle permettrait de garantir une véritable introduction des nouvelles technologies de l'information dans les méthodes d'enseignement.

- La distinction entre le droit de représentation (cf. art. L122-2 du CPI) et le droit de reproduction (cf. art. L122-3 du CPI) qui s'inscrivait dans la logique de diffusion des œuvres en mode analogique est remise en cause par l'utilisation d'œuvres en ligne dans la mesure où il y a souvent simultanéité des deux opérations (téléchargement préalable par modem téléphonique ou utilisation d'un serveur-cache).

L'extension de la dérogation au droit de reproduction aux reproductions éphémères nécessitées par une procédure technique de réception de l'œuvre en ligne pourrait alors être étudiée. Il s'agirait d'autoriser la copie numérique dans la mesure où les protocoles techniques de contrôle empêcheraient une nouvelle copie. Le principe de la copie éphémère était admis par le Code de la propriété intellectuelle dans sa rédaction de 1957 (cf. art. 45 sous-section 3). Cependant il faudrait avoir la certitude que la reproduction en question a bien un caractère strictement éphémère et qu'elle est insusceptible de nouvelle copie. En l'état actuel, cette certitude n'existe pas.

Lever les incertitudes juridiques

Le droit commun s'applique à l'internet, comme l'a rappelé Isabelle Falque-Pierrotin dans son rapport publié en juin 1996. Cependant un certain nombre d'aménagements sont à prévoir.

En effet, il est nécessaire de lever les incertitudes que provoquent certaines inadéquations des textes actuels avec ce nouveau média et d'assurer ainsi la sécurité juridique sur deux plans :
- national, en précisant et modifiant le droit français ;
- international, en organisant la convergence des règles nationales, leur articulation et la définition d'une capacité d'arbitrage commune.

Pour répondre au besoin d'information des entreprises et du grand public, voici ce que pourrait être un vade-mecum à destination des utilisateurs de l'internet qui reprendrait les principaux textes qui trouvent application.

Vous êtes déjà protégés sur l'internet en France, le saviez-vous ?

Contrairement à une idée répandue, le dispositif législatif français, tant au pénal qu'au civil, trouve application sur l'internet, quelle que soit votre qualité : simple utilisateur ou acteur diffusant de l'information.

En effet les infractions commises dans le monde virtuel peuvent être appréhendées : il existe des textes applicables et les tribunaux français sont compétents, même pour des éléments non localisables en France. C'est l'objet de ce vade-mecum.

« Simple utilisateur »

Personne physique

Si vous-même ou l'un de vos enfants êtes amenés, en utilisant l'internet, à prendre connaissance d'un message à caractère pornographique, violent, raciste ou négationniste, vous pouvez tout simplement écrire au procureur de la République du tribunal de grande instance de votre domicile afin de porter plainte et faire cesser ainsi ce trouble. Les textes qui s'appliqueront seront en effet les articles 227-23 et 227-24 du Code pénal (protection des mineurs à l'égard des messages à caractère violent ou pornographique) ;

En qualité de consommateur, venant d'acquérir des services ou des biens par l'internet, vous êtes protégé par les dispositions du Code de la consommation, par exemple les textes relatifs à la vente par correspondance (articles L 121-16 &

suivants) ou bien encore les dispositions relatives à la publicité mensongère (article L 121-1 du Code de la consommation)

De même que vous seriez protégé par la justice, si vous étiez victime de diffamation ou d'une atteinte portée à l'intimité de votre vie privée par la fixation, l'enregistrement et la transmission de paroles et d'images (articles 226-1 et suivants du Code pénal)

Sont également applicables les dispositions prévues par la loi du 29 juillet 1881 qui concernent diverses infractions commises par voie de presse ou par tout autre moyen de communication : provocation aux crimes et délits, provocation à la discrimination, à la haine ou à la violence raciale, délits contre les personnes (diffamation, injure).

Entreprise

Vos concurrents (et tous les autres) ne peuvent pas mettre n'importe quoi sur l'internet. Ainsi, les lois existant en matière de publicité s'appliqueront. Vous pourrez en conséquence agir en cas, par exemple, de publicité mensongère, comparative (articles L 121-1 du Code de la consommation), etc.

De même si votre marque, votre dénomination sociale ou vos dessins et modèles sont placés sur l'internet sans votre autorisation et dans le but de détourner votre clientèle, vous pouvez engager une action civile devant le tribunal de grande instance en contrefaçon et concurrence déloyale (article L 713-2, L 716-1, L 521-4 du Code de la propriété intellectuelle ; article 1382 du Code civil), et une action pénale devant le tribunal correctionnel.

« Acteur diffusant de l'information »

Personne physique diffusant des textes ou autres

Si vous mettez sur un site ou sur un forum un article que vous avez rédigé et que celui-ci est repris dans son intégralité sans votre autorisation, vous pouvez intenter une action en justice afin de faire cesser cette atteinte à votre droit d'auteur et demander des dommages et intérêts en réparation du préjudice subi (articles L 122-4 et L 335-2 & suivants du Code de la propriété intellectuelle).

En outre, si vous envoyez des messages électroniques et que ceux-ci sont lus par des personnes qui ne sont pas les destinataires, il y a violation du secret de la correspondance privée (article 226-15 du Code pénal).

L'entreprise, fournisseur de services et de contenus

Si vous créez votre site internet, celui-ci est protégé par le Code de la propriété intellectuelle et notamment par les articles relatifs au droit d'auteur. En conséquence, si votre œuvre est partiellement ou totalement reproduite sans votre autorisation, vous pourrez intenter une action en justice afin de faire cesser ce trouble et obtenir paiement de dommages et intérêts (articles L 122-4 et L 335-2 & suivants du Code de la propriété intellectuelle).

Toutefois, un certain nombre d'aménagements sont à prévoir pour prendre en compte la spécificité de ce média. La politique de développement de l'internet doit s'articuler autour de deux axes majeurs.

• Les acteurs doivent connaître une plus grande sécurité juridique et l'opinion publique ne doit plus assimiler l'internet au réseau de tous les dangers.

• Par ailleurs, il convient d'encourager la création de contenus, ce qui peut conduire à assouplir un certain nombre de législations spécifiques (publicité sur l'alcool, loi sur le jeu...).

Déclaration en tant que service audiovisuel

Il résulte des dispositions de la loi modifiée du 30 septembre 1986 et en particulier son article 43 que la création de services en ligne qui présentent un caractère de services audiovisuels doit faire l'objet, en tant que tels, d'une déclaration de service audiovisuel.

Notre droit donne une définition très large de la communication audiovisuelle. L'article 2 de la loi relative à la liberté de l'audiovisuel suppose seulement que soit visé un public ou une catégorie de public.

La déclaration doit être déposée auprès du procureur de la République. Elle permet de faire jouer la responsabilité éditoriale.

Si la formalité de la déclaration apparaît utile pour les entreprises gérant des services télématiques, elle apparaît peu adaptée aux particuliers utilisant l'internet, qui est un monde où les utilisateurs peuvent à tout moment devenir éditeurs. Il convient de préciser qu'au regard de l'actuel article 43, la simple mise en ligne d'une page d'accueil (« home page ») devrait ainsi être déclarée.

Cette réglementation n'est pas appliquée.

Dès lors, il importe d'introduire dans l'article 43 susvisé une disposition imposant de ne soumettre à la déclaration que les professionnels, c'est-à-dire ceux qui font profession de la mise en ligne de contenus.

117. Réserver la déclaration prévue à l'article 43 de la loi du 30 septembre 1986 aux acteurs professionnels.

Fourniture de moyens de filtrage

L'article 43-1 de la loi du 30 septembre 1986 modifiée en juillet 1996 impose à toute personne dont l'activité est d'offrir un service de connexion à un service de l'article 43 de proposer à ses clients un moyen technique leur permettant de restreindre l'accès à certains services ou de les sélectionner.

Or ce texte n'est guère précis sur le mécanisme de filtrage exigé.

On peut ainsi considérer, à l'instar de certains fournisseurs d'accès, que la fourniture d'un logiciel de navigation constitue un moyen technique permettant de sélectionner certains services.

Par ailleurs, cette disposition n'est pas sanctionnée. Le non-respect de l'article 43 est seulement susceptible de constituer une faute civile. Ainsi, toute personne qui estimerait avoir subi un préjudice dû à l'absence de système de filtrage pourrait agir contre son fournisseur d'accès.

Il apparaît nécessaire de préciser cette disposition législative par un décret ou une circulaire sur ce que l'on doit entendre par moyen technique permettant de restreindre l'accès à certains services ou de les sélectionner.

L'intention du législateur était en effet de promouvoir le mécanisme de filtrage.

118. Préciser les dispositions de l'article 43-1 de la loi du 30 septembre 1986 relatif à la fourniture de moyens de filtrage et donner les moyens de faire respecter cet article.

Par ailleurs, il pourrait être prévu de faire figurer cette obligation et les moyens mis en œuvre pour la réaliser dans les contrats liant les fournisseurs d'accès à leurs clients.

Système de filtrage

Il existe à l'heure actuelle un standard (PICS) développé par le WWWC (World Wide Web Consortium, dont l'INRIA est le pilier européen). De nombreux logiciels (navigateurs, logiciels spécialisés) sont capables de reconnaître ce standard.

Cependant ce système s'appuie sur des serveurs d'évaluation (ratings) qui aujourd'hui reposent exclusivement sur des critères anglo-saxons (nudité de face, langage obscène, PG13, etc.). Ces critères ne correspondent pas toujours à ceux des Européens.

119. La France devra élaborer des serveurs d'évaluation, compatibles PICS, dotant le public de systèmes de filtrage répondant aux conceptions des différentes familles de pensée.

Protection des mineurs

L'internet est souvent présenté comme un réseau transportant une grande quantité d'images pornographiques.

La rédaction de l'article 227-24 du Code pénal ne définit pas d'une manière claire les éléments constitutifs de l'infraction.

En effet, il dispose que : « le fait de fabriquer, de transporter, de diffuser par quelque moyen que ce soit et quel qu'en soit le support, un message à caractère violent ou pornographique ou de nature à porter gravement atteinte à la dignité humaine, ou de faire commerce d'un tel message, est puni de trois ans d'emprisonnement et de 500 000 F d'amende lorsque ce message est susceptible d'être vu ou perçu par un mineur ».

Il convient que la règle de droit soit clarifiée non seulement pour les acteurs mais aussi pour les utilisateurs, en considérant que le législateur a entendu interdire les deux premiers types de messages (message violent et pornographie) lorsqu'ils étaient de nature à porter atteinte à la dignité humaine. Cette lecture est conforme à l'intention du législateur et à l'interprétation jurisprudentielle (Cour d'appel de Paris).

121. Déterminer avec précision les éléments constitutifs de l'infraction prévue à l'article 227-24 du Code pénal.

Information des parquets

L'internet et son régime juridique sont encore relativement mal connus des parquets. Une circulaire qui exposerait, après une description physique du réseau, le régime juridique de l'internet, est donc souhaitable. Il conviendra aussi de demander aux parquets d'informer la chancellerie de toute infraction commise sur l'internet. Cette dernière mesure permettra de suivre l'évolution de la criminalité sur ce réseau. Par ailleurs, une telle circulaire aura, à n'en pas douter, une vertu didactique.

122. Diffuser aux parquets une circulaire relative à l'internet.

Autorégulation

Un groupe de travail, associant les acteurs de l'internet et dirigé par M. Beaussant, a rédigé, à la demande du ministre des Postes et Télécommunications, une charte de l'internet s'analysant comme un code de bonne conduite. Depuis, cette charte fait l'objet d'un large débat public mené directement sur l'internet et donne lieu à une forte mobilisation des internautes.

Afin de faire respecter les principes que comportera la future charte, il est envisagé de créer une structure de droit privé, qui pourrait par exemple s'inspirer du modèle du Bureau de vérification de la publicité (BVP).

Cet organisme recevrait les plaintes des internautes et jouerait un rôle de médiation et d'information pour faire cesser la diffusion de contenus manifestement illicites.

Les associations d'utilisateurs de l'internet, eux-mêmes souvent issus du milieu universitaire, sont rétives à tout contrôle du contenu. Elles considèrent qu'il convient de limiter la régulation à l'intervention du juge. Cela dit, elles ne sont pas opposées à une démarche d'autorégulation du secteur.

Il convient également de préciser que les avis de cet organisme seront appliqués sur la base du volontariat car ils ne peuvent préjuger de l'intervention d'un juge

123. Promouvoir l'autodiscipline des acteurs de l'internet.
Il importe que les pouvoirs publics apportent leur soutien à la mise en œuvre de la future charte.
L'État doit faire savoir qu'en tant que créateur de contenu et gestionnaire de sites, il entend être membre de la structure dont il s'agit.
Les établissements publics devront aussi être incités à s'inscrire dans cette démarche.

Fichiers nominatifs

La France a été le premier État au monde à se doter d'une législation dans le domaine de la protection des libertés individuelles en adoptant la loi du 17 juillet 1978 dite « informatique et libertés ». Ce texte impose un système d'autorisation ou de déclaration de tous les fichiers à caractère nominatif. Il a été rédigé à une période où l'informatique était moins développée qu'aujourd'hui. C'est pourquoi les procédures que la loi « informatique et libertés » met en œuvre, apparaissent désormais au regard de la banalisation de l'informatique comme trop contraignantes.

La directive n° 95/47 du 24 juillet 1995 relative à la protection des personnes à l'égard du traitement des données personnelles qui a pour objet d'assurer la libre circulation de ces données entre les États membres va amener la France à modifier sa législation. Lors de la transposition de cette directive, la France doit retenir une option qui permette le développement des réseaux sans obliger les acteurs à déclarer les fichiers implicites.

Toutefois, il convient d'éviter que l'utilisation de ces données porte atteinte aux droits fondamentaux des personnes. La nécessaire conciliation de la liberté d'expression et de la protection de la vie privée pourrait être obtenue par la mise en place de codes de bonne conduite prévue à l'article 27 de la directive.

124. Assouplir la législation en matière de fichiers nominatifs.

Publicité pour les boissons alcoolisées

L'article L 17 du Code des débits de boissons définit les supports pouvant recevoir de la publicité pour l'alcool. Force est de constater que les services en ligne n'y figurent pas.

Or, des sites étrangers comportent et comporteront de la publicité pour les boissons alcoolisées. Comme il convient de ne pas entraver l'exportation de nos vins et alcools par l'internet, il est donc nécessaire d'autoriser une telle publicité sur les serveurs français.

125. Autoriser sur l'internet la publicité pour l'alcool accompagnée des informations préventives existantes sur les risques entraînés par les excès.

Annonces judiciaires

De nombreuses dispositions prévoient que des actes juridiques (marchés publics, changement de régime matrimonial...) doivent faire l'objet d'une publicité dans des journaux habilités.

Il pourrait être envisageable d'accompagner ces annonces dans la presse écrite de parutions sur des sites de l'internet donnant ainsi un plus grand retentissement à cette information. Notamment pour les marchés publics d'intérêt national, la publicité par les services en ligne permettrait d'accroître la transparence et la concurrence entre les entreprises intéressées.

126. Instituer certains sites supports d'annonces judiciaires et légales.

Coopération européenne

Compte tenu de la nature internationale des réseaux en ligne, un besoin accru de coopération judiciaire et policière s'est fait jour. Il importe d'élargir la compétence du IIIe pilier du traité de l'Union européenne aux questions liées à la criminalité sur les réseaux en ligne.

127. Développer la coopération judiciaire et policière au sein de l'Union européenne pour permettre d'avancer vers une solution internationale globale.

Charte de coopération internationale

L'internet, et plus généralement les réseaux en ligne transnationaux, appellent une approche internationale.

Compte tenu de l'importance qu'ils vont prendre, il convient de développer la coopération internationale en la matière.

Le ministre des Postes et Télécommunications a présenté à l'automne dernier à l'ensemble de ses partenaires de l'OCDE un projet de charte de coopération internationale qui s'articule autour de trois questions :
– définition de principes communs d'application du droit national et des responsabilités des acteurs ;
– promotion d'un code de bonne conduite élaboré par les professionnels ;
– mise en œuvre de la coopération juridique et policière.

La France doit poursuivre sa politique tendant à encourager le développement de l'autodiscipline au niveau des États de l'OCDE et du Conseil de l'Europe.

128. Favoriser l'adoption d'une charte de coopération internationale sur l'internet.

Se préparer au commerce électronique

Le développement du commerce électronique est d'abord lié au développement des terminaux ainsi qu'à l'amélioration du contexte technique : rapidité, sécurisation, délai rapide de livraison et coût attractif des communications.

Ensuite des problèmes liés à la dimension internationale du commerce électronique se posent en termes de fonctionnement des transactions et éventuellement de difficultés contentieuses (quelle est la juridiction compétente ?).

Ces problèmes donnent lieu à de nombreuses initiatives provenant de sources officielles. Ainsi l'OCDE estime que le développement du commerce dans la société de l'information passe inéluctablement par les réseaux assurant la transparence de la concurrence et l'accès des meilleurs produits et services aux meilleurs coûts. Un conseiller du Président Clinton, Ira Magaziner, est en train de promouvoir l'adoption d'un cadre réglementaire pour le commerce par voie électronique. Le projet soumis à un processus de consultation met en avant les principes suivants.

• Le secteur privé doit prendre l'initiative pour qu'internet reste régi par les lois du marché qui, seules, permettent le développement dynamique des technologies et des services.

• Les gouvernements doivent éviter d'imposer toute restriction indue.

• Le commerce par voie de l'internet doit être promu sur une échelle internationale.

Sur ces bases, le commerce électronique devrait être discuté au niveau international selon neuf chapitres :
- taxes et droits de douane ;
- systèmes de paiement sécurisés internationalement (groupe d'étude déjà créé au sein du G7) ;
- codification uniforme du commerce (travaux en cours de la commission des Nations Unies sur le droit commercial international) ;
- protection de la propriété intellectuelle (forte pression des États-Unis pour promouvoir leurs normes en ce domaine) ;
- confidentialité ;
- sécurité ;
- infrastructure et interopérabilité en matière de télécommunications (travaux en cours au sein de l'OCDE : disparité des tarifs de pays à pays, monopoles, compatibilité des réseaux) ;
- contenu des informations : les questions posées à ce chapitre ont trait à la publicité, aux possibilités de fraude, à la transmission d'informations « séditieuses » (pédophilie par exemple, mais aussi tout type d'information qui serait socialement acceptable dans un pays donné mais bannie dans un autre pays), aux règles de « contenu national » ;
- normes techniques.

Cette vision n'est cependant pas suffisante. L'impact sur le commerce extérieur de la France est évident et plusieurs propositions s'articulent autour de cet enjeu.

***129.* Assurer la coordination efficace des différentes discussions entamées au niveau international.**
De nombreuses administrations et des organismes consulaires sont concernés. Sur un sujet d'intérêt national où l'avenir des entreprises peut se jouer, il faut se donner les moyens d'une force de proposition internationale relayée fidèlement par les services assurant la présence internationale de la France.

130. Informer et aider les entreprises (notamment les PME) pour développer l'usage de l'internet dans une optique commerciale.
Les économistes ont expliqué que le monde était engagé rapidement dans la constitution d'un marché global. Ce point est évident pour les grandes entreprises, mais il est important pour les petites et moyennes entreprises de ne pas rester à l'écart et d'utiliser des moyens innovants pour d'abord se faire connaître et ensuite aborder de nouveaux marchés.
À cet égard les chambres de commerce, les associations, les foires et salons doivent jouer un rôle important. Le thème du commerce électronique doit être privilégié dans les débats et démonstrations.

131. Inciter à des regroupements d'initiatives pour mettre au point des galeries commerciales électroniques attractives par la diversité des produits proposés.

Le cadre régional peut servir à ces regroupements et la vitrine ainsi constituée peut être soutenue par les instances locales décentralisées.

132. Donner un signal international fort à l'engagement positif de la France dans le commerce en ligne tout en évacuant le risque de délocalisation des activités en déterminant le régime de TVA applicable par le lieu physique de l'acheteur des biens et services. L'intermédiaire financier des transactions appliquera lui-même la taxe facturée au consommateur et sera chargé de la collecte et du reversement.

L'immaturité actuelle du commerce électronique ne doit cependant pas faire oublier l'urgence de la mise en place de moyens de paiement sécurisés. Les deux principaux réseaux mondiaux de cartes de paiement (Visa et Mastercard) ont mis au point des spécifications de sécurité pour les transactions sur l'internet. Une spécification comme « C-Set » (Secure Electronic Transaction) doit permettre aux consommateurs et aux commerçants de mener à bien en toute sécurité leurs transactions sur le réseau internet.

133. Obtenir rapidement la normalisation, au moins au niveau européen, des protocoles de paiement sécurisés, de façon à utiliser en France l'acquis en matière de cartes à puces.

Pour le paiement des factures émises par les services publics, il existe déjà des systèmes offrant une grande sécurité (Téléfact pour le paiement des factures EDF-GDF) ; l'adaptation à l'internet doit être menée sans délai. En effet *l'exemple que donnera l'État en utilisant ces solutions bancaires de commerce électronique participera à leur crédibilisation auprès des PME.*

134. Développer le paiement électronique sur l'internet des factures émises par les services publics et répercuter sur les consommateurs les économies engendrées.

Comité de réflexion et de proposition

Je tiens à remercier tout particulièrement :

Arnaud Beaufort, rapporteur de la mission et chef du bureau des affaires économiques au Service juridique et technique de l'information et de la communication (SJTI)

Annabelle Jaeger, assistante parlementaire

Qu'il me soit également permis de citer ici celles et ceux qui ont participé activement tout au long de ce travail, en particulier :

• au ministère des Finances :

Christian Daviot, conseiller technique au cabinet du ministre

• au ministère de la Poste, des Télécommunications et de l'Espace :

Olivier Muron, conseiller technique au cabinet du ministre

Laurent Sorbier, conseiller technique au cabinet du ministre

• au Service juridique et technique de l'information et de la communication :

Yves Attou, Simon Barry, Anne-Laure Bénilan, Catherine Conso, Jean-Marc Crantor, Sylvie Depondt, Didier Étienne, Alain Gély, Olivier Hugon-Nicolas, Claude Jézéquel, Marie-Françoise Le Tallec, Jacques Louvier, Brigitte Poncharal, Frédéric Sans, Loïc Taillanter.

Léonidas Kalogéropoulos, consultant

Enfin je remercie Francis Brun-Buisson, chef du SJTI, pour son appui tout au long de cette mission.

Annexe 2

Liste des personnes auditionnées

Jean-Luc Archambault, directeur chargé des industries de communication et de service au SERICS, accompagné de François Bélorgey, Pierre Fiorini et Pascal Lagarde.

Raymond-Max Aubert, délégué à la Délégation à l'aménagement du territoire et à l'action régionale (DATAR), accompagné de Anita Rosenholc et de Michel Cadot

Maître Gilles August, avocat au barreau de Paris et de New-York, cabinet August & de Bouzy, accompagné de Maître Thaïma Samman

Jean-Yves Babonneau, directeur du Network Information Center, NIC France (INRIA), accompagné de Annie Renard

Philippe Bailly, directeur général adjoint de Hachette-Filipacchi-Grolier

Francis Balle, professeur à l'université Panthéon-Assas-Paris II, directeur de l'Institut de recherches et d'études sur la communication (IREC) et président du Comité stratégique de l'action audiovisuelle extérieure

Éric Bantégnie, directeur du développement du GIE DYADE

Antoine Beaussant, président du Groupement des éditeurs de services en ligne (GESTE), accompagné de Nadia Vivien

Pierre Bellanger, président de Skyrock et de France en ligne

Maître Alain Bensoussan, avocat au barreau de Paris

François Benvéniste, président directeur général de Calvacom SA

Laurent Benzoni, professeur à l'université Paris II et à l'École nationale supérieure des télécommunications (ENST)

Laurent Bérard-Quelin, vice-président de la commission des nouvelles technologies de la Fédération nationale de la presse française ; président de la commission des médias électroniques d'information de la Fédération nationale d'information de la presse spécialisée, accompagné de Pascal Guénée, membre du Syndicat de presse magazine et d'opinion, de Élisabeth Chamontin, responsable du service télématique d'Investir, de Didier Krainc, IDG Communication et de Bertrand Pineau, FNPS

Jean-Michel Billaut, directeur de l'atelier de veille technologique de la Compagnie bancaire et président du Club de l'Arche

Jacques Bille, vice-président, délégué général de l'Association des agences-conseils en communication (AACC), accompagné de Laurence Veyssière

Richard Bion, chargé des nouvelles technologies et systèmes d'information, Commissariat à la réforme de l'État, rattaché au Premier ministre

François Bloch, avocat à la Cour, avocat sénior au cabinet Clifford Chance, département média informatique et télécommunications

François Bocquet, chargé de mission pour l'éducation et la culture, parc naturel régional du Vercors

François Bogacz, président directeur général de Microsoft Network France (MSN), accompagné de Marie-Thérèse Huppertz

Patrick Boiron, président du directoire de l'Administration des droits des artistes et musiciens interprètes (ADAMI)

Bruno Bonnell, président directeur général d'Infonies et d'Infogrames

Jean-Étienne Bouédec, directeur de recherche et de développement des nouveaux produits à la Française des jeux

Lucien Bouis, directeur du Bureau de vérification de la publicité (BVP)

Franck Boulben, directeur de la stratégie à CEGETEL, accompagné de Fabrice Cavarretta, responsable de l'activité internet grand public

Pierre Bouriez, directeur de développement à la Lyonnaise communication, accompagné de Pascal Auboin

Louis de Broissia, député de la Côte-d'Or, président du groupe communication à l'Assemblée, accompagné de Marie de Vavrin

Bruno Cazals, directeur de l'appui aux entreprises à l'Assemblée des chambres françaises de commerce et d'industrie (ACFCI), accompagné de Claire Sovignet

Hervé Chateauneuf, responsable de la télématique et du multimédia au journal Le Figaro

Pierre de la Coste, conseiller technique au cabinet du ministre de l'Industrie, de la Poste et des Télécommunications

Michel Davidov, membre de l'Association des utilisateurs de l'internet (AUI)

Emmanuèle Debray, chef de cabinet à la Délégation interministérielle à la ville, accompagnée de François Tanniou

Jean-Paul Delevoye, président de l'AMF, Association des maires de France

Jean-François Delpech, président du conseil scientifique au Centre de recherches et d'études sur les stratégies et les technologies (CREST) de l'École polytechnique

François Desnoyers, directeur de la banque des programmes et des services à La Cinq, accompagné de Bernard Fontaine

Thierry Desourmont, directeur général adjoint de la SACEM, accompagné de Jacques Blache, directeur des relations institutionnelles

Jean-Louis Desvignes, chef de Service central de la sécurité et des systèmes d'information (SCSSI), rattaché au Premier ministre

Bernard Dizambourg, directeur de l'information scientifique, des technologies nouvelles et des bibliothèques, ministère de l'Éducation nationale, accompagné de Daniel Confland et Gérard Lesage

Daniel Dorra, président directeur général du groupe Bonnier Dorra Multimédia, vice-président et secrétaire général du Syndicat national de la télématique (SNT)

Daniel Duthil, président de l'Agence pour la protection des programmes (APP) et président d'Interdeposit (Genève)

Serge Ewenczyk, délégué général adjoint à TV France International

Gérard Eymery, directeur de la division multimédia de la branche grand public à France Telecom, accompagné de Marie-Christine Peltier-Charrier

Isabelle Falque-Pierrotin, maître des requêtes au Conseil d'État, présidente d'une mission interministérielle sur l'internet en 1996, expert auprès de l'OCDE pour la coopération internationale sur l'internet

Paul Florenson, sous-directeur des affaires juridiques au ministère de la Culture, accompagné de Hélène de Montluc, Pierre Farçat et d'une délégation du ministère de la Culture

Françoise Gaucher, consultant en maîtrise des risques liés aux systèmes d'information, société de conseil EHOL

Nathalie Gautraud, service juridique de la direction générale des Postes et Télécommunications

Jean-Michel Gourevitch, rédacteur en chef du Figaro économique, Figaro multimédia, et du Figaro patrimoine

Bernard Gournay, président de la Commission de coordination de la documentation administrative (CCDA) rattachée au Premier ministre, accompagné de Marie-Elvire Masso

Alain Grangé Cabane, vice-président directeur général de l'Union des annonceurs (UDA), rapporteur de la mission « commerce, consommation et multimédia » auprès du ministre de l'Économie

Fabrice Guébin, chargé des relations presse auprès du ministre de la Fonction publique, de la Réforme de l'État et de la Décentralisation, accompagné de Dorothée de Kermadec (DGFP)

Philippe Guglielmetti, président directeur général d'Integra

Rafi Haladjian, directeur de FranceNet et président de l'AFPI

Christian Huard, rapporteur du groupe de travail du Conseil national de la consommation (CNC) relatif aux nouvelles technologies d'information et de communication, accompagné de Sandra Buriot

Pierre Huet, conseiller d'État, vice-président de l'Association française de la télématique multimédia (AFTEL)

Annie Kahn, journaliste, responsable multimédia au journal Le Monde

Maître Daniel Kahn, avocat à la Cour, cabinet Kahn & associés, accompagné de Maître Nicole Tortello

Daniel Kaplan, consultant, vice-président du chapitre français de l'internet Society

Georges-Yves Kervern, directeur général de la fondation Sophia Antipolis, membre du Comité national d'évaluation de la recherche, président de l'association Tactic

Pierre Laffitte, sénateur des Alpes-Maritimes

Serge Lafont, directeur général de Microfolie's

Bruno Lasserre, conseiller d'État, ancien directeur général des Postes et Télécommunications, accompagné de Henri Breuil, chargé de la sous-direction internationale à la direction des Postes et Télécommunications

Eric Laurent-Ricard, directeur général d'EUnet France

Pierre Louette, directeur des activités multimédias et des nouveaux métiers à Havas Advertising

François Maire, président d'ATT France, accompagné de Patrice Chazerand et Emmanuel Audigé

Bernard Malauzat, adjoint au directeur de la coopération scientifique et technique au ministère des Affaires étrangères, accompagné de Michel Deverge

Bruno Mannoni, chef de la mission « ingéniérie et veille technologique » au ministère de la Culture

Meryem Marzouki, présidente de l'Association des utilisateurs de l'internet (AUI)

Henri de Maublanc, président de l'AFTEL et président directeur général de Clarisse et de Politel

Laurent Mauriac, journaliste, responsable multimédia au journal Libération

Claude Menesguen, président du Groupement des cartes bancaires, accompagné de Max Auriol et Claude Megglé

Maître Emmanuel Michau, avocat à la cour, cabinet Michau & associés, accompagné de Olivier Menant

Michel Moreau, recteur d'académie, directeur général du Centre national d'enseignement à distance, CNED, accompagné de François Scarbonchi

Bruno Oudart, chargé de mission sur les nouvelles technologies à la délégation générale de la langue française, ministère de la Culture

Bruno Oudet, président de l'ISOC-France, internet Society France

Daniel Padoin, commissaire principal, chef du Service d'enquêtes sur les fraudes aux technologies de l'information (SEFTI)

Hervé Pasgrimaud, délégué général du Syndicat des éditeurs de logiciels de loisirs (SELL)

Jean-Claude Pelissolo, président de l'Association française du commerce et des échanges électroniques (AFCEE) et président d'Edifrance

Michel Perrin, directeur général adjoint de Infonie

Henri Pigeat, conseiller multimédia auprès du président du directoire de La Voix du Nord

Marcel Pinet, conseiller d'État, commissaire de la Commission nationale de l'information et des libertés (CNIL)

Serge Poignant, député de Loire-Atlantique, auteur du rapport d'information Pour une stratégie francophone des autoroutes de l'information

Pascal Py, directeur du campus électronique du Centre national d'enseignement à distance (CNED)

Philippe Queau, directeur de la division de l'information et de l'informatique à l'UNESCO

Gilles Ragueneau, directeur des relations.extérieures à la compagnie IBM France, accompagné de Arnaud Brunet et Guy Viel

Jean Robberecht, directeur délégué de Montparnasse multimédia

Luc Rochard, bureau du droit de la consommation à la direction générale de la Concurrence, de la Consommation et de la Répression des Fraudes (DGCCRF), ministère de l'Économie

Hervé Rony, directeur général du Syndicat national de l'édition phonographique (SNEP), accompagné de Marc Guez

Nicolas Ros de Lochounoff, adjoint du responsable juridique du groupe SLIGOS et animateur du comité de rédaction de la charte de l'internet

Philippe-Olivier Rousseau, membre du Conseil supérieur de l'audiovisuel, CSA.

Patrice Rousseau, ingénieur d'affaires, ORACLE, accompagné de Ludovic Collin

Hugo Sada, rédacteur en chef de Média France Intercontinent (MFI), agence de presse de Radio France internationale (RFI)

Christian Scherer, conseiller technique au cabinet du ministre de l'Industrie, de la Poste et des Télécommunications, webmestre du serveur Évariste

Claudine Schmuck, rapporteur extérieur auprès du Conseil national de la consommation (CNC)

Hervé Sinelle Botinelly, responsable des activités multimédias et nouvelles technologies à Plein câble

Bernard M.A. Siouffi, délégué général du Syndicat des entreprises de vente par correspondance et à distance, SEVPCD, président du Cercle marketing direct et délégué général de l'Union française de marketing direct, accompagné de Leïla Tafat

Pierre Sirinelli, professeur de droit à l'université Paris Sud, doyen de la faculté Jean Monnet

Keith Spicer, ancien président de l'Autorité canadienne de régulation de l'audiovisuel et des télécommunications

Bernard Stiegler, directeur général adjoint de l'Institut national de l'audiovisuel (INA), responsable du département innovation

Jean-François Susbielle, directeur de Microvox

Gérard Théry, président de la cité des Sciences et de l'Industrie, chargé de mission « autoroutes de l'information » au ministère de l'Industrie, des Télécommunications et de l'Espace

Hubert Tilliet, chef du service juridique du Syndicat national de l'édition

Jean-Pascal Tranie, directeur général de la Compagnie générale de vidéo communication, accompagné de Stéphane Treppoz

Jean-Noël Tronc, chargé de mission sur les réseaux de télécommunication et la société de l'information au Commissariat général du Plan

Pierre Viansson-Ponté, directeur du Syndicat de la presse quotidienne régionale (SPQR), accompagné de Ronan Pensec

Roger Vuillemot, directeur des opérations multimédias de Jet multimédia

Edmond Zucchelli, responsable multimédia à Europe 1

Glossaire

(Pour partie, extrait du glossaire du rapport de Thierry Miléo, *Les réseaux de la société de l'information*, Commissariat général du Plan, 1996)

Adresse eMail (eMail pour *electronic Mail*) : Adresse à laquelle il est possible d'envoyer des messages en utilisant le protocole et le réseau internet.

ADSL (Asymetrical Digital Subscriber Line) : Technologie de transmission de données dont la vitesse est de 640kbps en émission et de 1,5 à 9Mbps en réception. Les caractéristiques physiques des lignes téléphoniques classiques permettent la transmission de signaux à des fréquences élevées d'environ 1 MHz et donc l'utilisation du système ADSL ; en modifiant les équipements au niveau du central téléphonique et chez l'utilisateur, il est possible de faire de ces lignes des liaisons hauts-débits. Les expérimentations en cours au CNET prouvent que l'ADSL sur ligne téléphonique permet d'atteindre, sur 3 km, des débits pouvant aller jusqu'à 8Mbit/s.

Analogique (transmission) : Transport d'un signal en modulant une onde porteuse, le signal étant reconstitué à l'arrivée par une démodulation. La voix est un mode de transmission analogique naturel. En télécommunication, comme en informatique, ce terme est souvent opposé à numérique : les transmissions en mode analogique se caractérisent par une quantité d'informations transmises et une qualité de la transmission moindres.

ATM (Asynchronous Transfer Mode) : Système d'assemblage et de transmission de signaux pour des réseaux de télécommunications multiservices de grand débit qui généralise à tous les types de services (données, voix, images) les techniques de codage et de transmission en mode paquet (utilisées, notamment, pour l'internet). L'ATM est une technologie essentielle de la commutation des autoroutes de l'information parce qu'elle permet d'optimiser l'utilisation de canaux large bande de débits très importants (45 Mbps et plus).

Bande passante : Ensemble des fréquences que permet de transporter, sans altération importante, un canal de transmission. Elle est obtenue en calculant la différence entre la fréquence la plus haute et la fréquence la plus basse que laisse passer le canal (exprimée en hertz). Pour les autoroutes de l'information, on emploie l'expression de large bande.

Bit : Contraction de l'anglais *Binary Digit* qui désigne le plus petit élément d'information transmis en mode numérique binaire (0 ou 1). Pour l'informatique, comme pour les télécommunications numériques, le Bit par seconde (Bps) est l'unité de mesure des débits de transmission. Le Bps s'est ainsi substitué au Baud, du nom de l'ingénieur français Émile Baudot, inventeur du code télégraphique, qui mesure la rapidité de modulation d'une onde par seconde. Quant le signal est binaire, le baud est équivalent au bit par seconde.

Chiffrement ou **cryptage** : Technique de codage de l'information destinée à la rendre incompréhensible par un tiers et dont le décodage suppose la détention de « clés » ; on parle alors de déchiffrement, par opposition au décryptement lorsque les clés sont inconnues. Le développement des services de commerce en ligne repose notamment sur des outils de chiffrement fiables.

CNET (Centre national d'études des télécommunications) : Organisme de recherche de France Telecom qui gère un nombre important de grands projets de recherche technique (ainsi sur la communication ATM, le développement de la fibre optique ou la visiocommunication) mais aussi d'études sociologiques sur l'appropriation des technologies par les usagers.

EDI (Échange de données informatisé ; traduction française de *Electronic Data Interchange)* : C'est l'échange électronique de données structurées entre applications d'ordinateurs, via des messages standardisés, à travers un ou des réseaux. En France, l'EDI se développe notamment, dans le cadre des relations entre l'Administration et les entreprises, pour les procédures fiscales et douanières.

EDIFACT (UN-EDIFACT) : Ensemble des normes internationales régissant les messages EDI.

EFI (Échange de formulaires informatisé) : Terme générique désignant les échanges de formulaires normalisés, transmis sous forme informatique.

FTP (*File Transfer Protocol*) : Protocole standard de transfert de fichiers via l'internet.

HTML *(Hyper Text Markup Language*) : Langage d'écriture et de programmation de pages comprenant des liens hypertexte. HTML est utilisé notamment par l'internet sur le Web.

Hypertexte : Terme propre à l'internet qui désigne la logique des liens créés au sein d'un texte ou d'une image affichés à l'écran d'un terminal, permettant de passer instantanément d'un fichier à un autre fichier ou d'un serveur à un autre serveur d'information en sélectionnant le texte ou l'image à l'aide de la souris d'un ordinateur.

INRIA : Institut national de recherche en informatique et automatique. L'INRIA est le correspondant international des principaux organismes de contrôle (technique) de l'internet.

Intéractif : Désigne un mode de communication dans lequel les deux extrémités de la transmission sont en dialogue (à l'opposé de la logique dite *broadcast*).

internet (*Interconnected Networks*) : Réseau mondial de communication formé par l'interconnexion de l'ensemble des réseaux IP dans le monde, c'est-à-dire fonctionnant sous le protocole TCP/IP. (En Europe, les grands axes sont, par exemple, EBONE, et RENATER, en France.)

Bob Kahn (responsable du projet Arpanet) et Vint Cerf, chercheur en informatique, premier président de *l'internet Architecture Board*, sont considérés comme les « pères » de l'internet.

L'internet Architecture Board (IAB) est le comité scientifique qui décide des normes essentielles pour le réseau, en agissant au nom d'une association à but non lucratif, *l'internet Society*, juridiquement responsable en cas de litige.

L'IAB s'appuie sur les conclusions de groupes de travail réunis au sein de l'IETF (*internet Engineering Task Force*) et coordonnés par un IESG (*internet Engineering Steering Group*).

L'IANA est l'organisme mondial qui gère l'adressage IP (les adresses de chaque ordinateur connecté à l'internet).

Les principales fonctions de l'internet sont :
- le courrier électronique ou eMail ;
- les forums de discussion ou newsgroups ;
- le ftp qui permet le téléchargement de fichiers ;
- la consultation de serveurs d'information.

Le World Wide Web (WWW) intègre ces fonctions en ajoutant les dimensions hypertexte et multimédia. Il fonctionne sur le protocole http (*hypertext transfer protocol*) et le langage html (*hypertext mark-up language*). La logique du « Web » a été inventée par Tim Berners-Lee, ingénieur en informatique au Centre européen de recherche nucléaire de Genève.

IP ou **internet Protocol** : Protocole internet. Définit le format des données, leur taille et leur organisation dans les paquets transmis (à distinguer des algorithmes de *routage* qui calculent le trajet).

ISDN (*Integrated Services Digital Network*) :Voir RNIS

Kiosque : Système de facturation inventé pour le Minitel et qui inspire de nombreux projets d'utilisation commerciale de l'internet : l'exploitant du réseau facture la consommation de services accessibles aux clients et reverse leur rémunération aux exploitants de ces services. Avantage : il les soulage des tâches de gestion associées à la commercialisation.

Large bande : Désigne une liaison ou un réseau capable de véhiculer un très grand nombre d'informations à des fréquences élevées. On l'utilise, en général, pour désigner les débits supérieurs au million de bits par seconde (Mbps).

LS ou **liaison spécialisée** ou **ligne spécialisée** : Liaison permanente constituée d'éléments d'un réseau de communication affectés à un utilisateur particulier. La LS permet, à la différence de l'utilisation habituelle du réseau de télécommunication grand public, de bénéficier d'une facturation forfaitaire, indépendante du volume de consommation (dans la limite de la capacité de la liaison). En France, les fournisseurs d'accès à l'internet utilisent en général des LS louées à France Telecom.

Mbps : Mégabits par seconde. Million de bits par seconde.

Messagerie électronique : Mécanismes d'échanges individuels de messages, accompagnés éventuellement de documents sous forme de fichiers, via des réseaux publics ou privés.

Modem : Modulateur-démodulateur. Équipement qui transforme des signaux numériques en signaux analogiques et inversement. Utilisé pour convertir les signaux électriques des ordinateurs en ondes électromagnétiques transportables par le réseau téléphonique. C'est l'utilisation d'un modem qui permet l'accès des utilisateurs de base à l'internet, en reliant leur ordinateur au réseau téléphonique mondial.

MPEG (*Moving Picture Expert Group*) : Norme de compression d'images animées (JPEG est utilisé pour les images fixes).

Net : Réseau. Anglicisme employé pour désigner l'internet

NTIC : Nouvelles technologies de l'information et de la communication, désigne les outils bureautiques modernes utilisés par les entreprises (fax, messageries vocales et électroniques, etc.)

Numérique (transmission) : Un signal numérique, au contraire de la transmission analogique, ne prend qu'un nombre limité de valeurs discontinues. A l'extrême, et en règle générale, la transmission numérique ne prend que deux valeurs : 0 ou 1 (signal binaire, utilisé d'abord pour l'informatique et qui s'étend à présent à l'ensemble des communications).

Numéris : RNIS de France Telecom

Off line / On line : Hors ligne / En ligne. Anglicismes. Préférer : produits édités (*off line*) et produits ou services en ligne (*on line*). Le CD-ROM est un produit édité, le Minitel permet l'accès à des services en ligne.

Pare-feu : Traduction littérale de *firewall*, équipement placé entre deux réseaux permettant de limiter l'accès de l'un vers l'autre, par exemple, en fonction du type de service utilisé ou de l'identité des acteurs.

Passerelle :Fonction intégrée d'un réseau permettant de passer sur un autre réseau

RENATER :Réseau national pour la technologie, l'enseignement, la recherche. Réseau de transmission de données fonctionnant sur le protocole IP, mis en place à la suite de la signature d'une convention France Telecom/ministère de l'Éducation nationale, le 25 mai 1992. RENATER I, nœud majeur de l'utilisation publique de l'internet en France, s'appuie sur des réseaux nationaux et opérationnel à 34 Mbps, et relie 200 centres ou laboratoires de recherche et plus de 1 000 réseaux locaux. Un accroissement considérable du débit est prévue par la mise en place de RENATER II.

RNIS (Réseau numérique à intégration de services) : Réseau mettant à profit des techniques de numérisation pour transporter sur la même infrastructure plusieurs services concernant à la fois la voix, les données et l'image. Commercialisé, en France sous le nom de Numéris depuis 1988 par France Telecom, le RNIS est inclus dans la nouvelle loi de réglementation des télécommunications dans le champ des services dits « obligatoires », dont la fourniture doit être garantie sur l'ensemble du territoire national.

RTC ou **RTCP** (Réseau téléphonique commuté public) : Terme utilisé pour désigner le réseau téléphonique de base, qui relie l'ensemble des 28 millions d'abonnés au téléphone dit « filaire ».

Serveur : Toute ressource informatique capable de délivrer de l'information ou d'effectuer un traitement à la requête d'autres équipements. La notion de serveur est au cœur du développement de l'internet. On parle de « serveur d'information », de « serveur de messagerie », de « serveur de fichiers », etc. Un service internet sur le World Wide Web combine souvent ces différentes fonctions.

SMTP (*Simple Mail Transfer Protocol*) : Protocole de transmission de courrier électronique sur l'internet. Fonctionne avec d'autres protocoles : POP3, IMAP.

SVA : Services à valeur ajoutée.

Synchrone (par opposition à « asynchrone ») : Mode de communication sur réseaux de télétransmissions. Signifie que pour communiquer, deux terminaux doivent nécessairement être connectés en même temps : c'est le cas du téléphone, par exemple.

TCP/IP (*Transmission Control Protocol / internet Protocol*) : Sigle sous lequel est connue la norme de communication sur le réseau internet qui régit les accès et les dialogues entre systèmes hétérogènes.

Télématique : Expression forgée par le rapport de Simon Nora et Alain Minc (*L'information de la société*, 1978) pour désigner la convergence entre les télécommunications et l'informatique. Ce néologisme s'applique donc formellement à l'internet mais correspond surtout, dans son acception grand public, aux techniques de vidéotex, c'est-à-dire au Minitel.

Téléservices : Au sens de l'aménagement du territoire, services professionnels fournis à distance et dont les professionnels et les usagers peuvent bénéficier en utilisant généralement les réseaux de télécommunication.

Télétravail : Intuitivement, et conformément à l'étymologie, le télétravail implique la réunion de deux éléments :
– la distance entre le travailleur [1] et la personne physique ou morale commanditaire de sa prestation ;

(1) Terme qui ne préjuge pas du statut juridique sous lequel le travailleur accomplit sa prestation (salarial ou autre).

– une liaison, par des procédés de télétransmission, pour la communication d'informations nécessaires à l'exécution de la prestation et de celles qui en sont le produit.

Ces deux composantes matérielles obligées autorisent à circonscrire le télétravail :
– comme forme particulière d'organisation pour des travaux dont la matière d'œuvre et le produit sont constitués d'informations ;
– au sein de ce type de travaux, et en raison de cette organisation particulière, comme portant sur et produisant des informations qui sont susceptibles d'être transmises par ces procédés : textes, sons, images.

Si dans le traitement et même la création d'informations, et notamment de celles susceptibles de télétransmission, on utilise de plus en plus des équipements informatiques (matériels et logiciels), il ne s'agit pas d'une composante obligée de ces activités, et donc du télétravail. En pratique, cet élément est vraisemblablement appelé à devenir indissociable du télétravail, en raison des progrès des télétransmissions d'informations numérisées.

Terminal : Équipement périphérique d'un réseau de communication offrant des supports directement utilisables par un individu : écran, imprimante, etc.

WWW ou **Web** ou **World Wide Web** : littéralement, « toile d'araignée mondiale ». Voir internet.

Table des matières

Impression DF

Achevé d'imprimer: Février 1998